Rose Mafia

© Éditions Jacob-Duvernet, 2012

Gérard Dalongeville

Rose Mafia

Éditions Jacob-Duvernet

À Antoine, à ma famille, à mes amis.

« Ce qui doit arriver ne peut pas manquer. »
Henri IV

« C'est dans le gouvernement républicain que l'on a besoin de toute la puissance de l'éducation. La crainte des gouvernements despotiques naît d'elle-même parmi les menaces et les châtiments ; l'honneur des monarchies est favorisé par les passions, et les favorise à son tour ; mais la vertu politique est un renoncement à soi-même, qui est toujours une chose très pénible.

On peut définir cette vertu, l'amour des lois et de la patrie. Cet amour, demandant une préférence continuelle de l'intérêt public au sien propre, donne toutes les vertus particulières ; elles ne sont que cette préférence.

Ce n'est point le peuple naissant qui dégénère ; il ne se perd que lorsque les hommes faits sont déjà corrompus. »

Montesquieu, *L'Esprit des lois*

Sommaire

I. Un homme du Pas-de-Calais. 13

II. Petits arrangements entre amis :
la vie municipale à Hénin-Beaumont 33

III. La découverte de la Kucheidie 57

IV. Maire d'Hénin-Beaumont,
sous le regard de Jaurès 99

V. « L'argent du coffre,
c'est celui du Parti ! » 119

VI. 2008-2009 : un mandat interrompu . . 153

VII. D'Hénin-Beaumont à Longuenesse . . 173

VIII. Emprisonné, suspendu, révoqué 193

IX. Huit mois d'enfer ont
tout de même une fin 209

X. « Le lapin sera là » 219

XI. « Je vous parlerai des rouages
et des personnes... » 235
XII. Épilogue 247
XIII. Le socialisme municipal dévoyé 255
XIV. Le PS savait 275

Je m'appelle Gérard Dalongeville. J'ai été membre du Parti socialiste, maire d'Hénin-Beaumont, une ville ouvrière au cœur du bassin minier du Nord-Pas-de-Calais. J'ai été en détention en maison d'arrêt pendant plus de huit mois. J'ai connu l'enfer de la prison, un endroit dont on ne revient jamais. On ne s'en remet pas, ni soi-même ni ses proches. Aujourd'hui encore, je n'ai pas oublié les cris, les portes qui se referment sur la vie et la liberté.

Militant du PS depuis ma jeunesse, fils de la génération Mitterrand, j'ai tout fait pour et avec le Parti socialiste : collaborateur d'élu, élu moi-même, j'ai été au cœur du système PS dans le Pas-de-Calais.

J'ai toujours cru en mon parti.

J'ai menti pour le protéger, j'ai subi l'enfermement, l'emprisonnement, pour sauver un système. Et un jour j'ai dit : « Ça suffit ! »

Aujourd'hui, je ne veux plus continuer à me taire. Mis en examen, jeté en prison, j'ai payé pour mes erreurs mais aussi pour d'autres. En écrivant ce livre, je veux mettre sur la place publique tout ce que je n'ai pas pu ou pas su dire. Si je parle, ce n'est pas par trahison comme j'en entends déjà le reproche depuis des mois. Je parle parce qu'il est temps de révéler la vérité, sur les mœurs troubles des responsables socialistes dans le Pas-de-Calais, sur les commissions versées par des entreprises pour obtenir des marchés publics, sur des détournements de fonds publics, sur des comptes au Luxembourg, sur l'enrichissement personnel de plusieurs responsables politiques...

Il est temps de raconter de quelle manière très particulière les socialistes font de la politique dans le Pas-de-Calais.

Parce qu'il est temps de nettoyer les écuries d'Augias.

Parce qu'il est temps d'alerter l'opinion sur la nécessité urgente d'un contrôle, réel, profond et efficace, de la vie politique et de son financement.

Une militante socialiste du Pas-de-Calais, sincère et dévouée, me dit un jour : « On n'a jamais raison contre son parti. » J'en ai fait l'amère expérience, c'est celle que je raconte ici.

Ce livre raconte une histoire hors du commun. Il va peut-être déplaire, sûrement choquer. Il est la confession d'un homme meurtri, qui aujourd'hui, bien loin de la politique, de ses cantines et de ses machinations en coulisses, tente de se reconstruire. Et qui a confiance dans le travail de la justice.

Chapitre I
Un homme du Pas-de-Calais

Tout s'est passé dans le bassin minier, dans le Pas-de-Calais. Un territoire, une industrie, des femmes et des hommes qui vous marquent pour toute une vie. Contrairement à l'idée courante, notre région, le nord de la France, ce n'est ni plat ni monotone. Tandis qu'au nord s'enchaînent des collines et quelques rares plaines, au sud s'étend le plateau du haut-pays avec, de part et d'autre du seuil de Bapaume, des terres au nom évocateur, l'Artois, l'Arrageois, le Cambrésis, l'Avesnois, des noms qui sentent bon les provinces françaises et où résonne une identité locale forte, ancrée dans sa terre et fière de ses hommes. Entre les deux, s'allonge d'ouest en est la dépression préartésienne, comme disent les géographes, qui sépare les plateaux de craie, secs, des collines d'argile imperméable, humides ; pour nous, cette faille dans le sol sous laquelle le charbon s'est conservé, c'est le bassin minier. Béthune, Lens, Douai, des villes datant du Moyen Âge, IXe – Xe siècles, comme alignées sur une rangée… Une terre de passage, de contacts, entre le bassin parisien et le bassin de la mer du Nord, entre les civilisations latine et germanique, mais l'influence de la mer du Nord est moins forte dans le bassin minier que dans le bas-pays.

Ma vie politique, c'est Hénin-Beaumont, une ville de 27 000 habitants, la sixième ville du Pas-de-Calais. On est à 30 km de Lille, à 20 d'Arras et à 10 de Douai, au cœur du bassin minier, où l'on vit à l'ombre des terrils et des chevalements. Une région marquée au fer rouge dans son économie, dans sa vie sociale et culturelle, dans son paysage même, dans son identité surtout, par l'exploitation intensive de la houille présente dans le sous-sol. Le bassin minier comptait à la fin des années 1980, au moment de la quasi-fermeture de toutes les mines, près d'1,2 million d'habitants, d'Auchel et Béthune à Valenciennes, en passant pas Liévin, Lens, Courrières, Oignies, Douai et bien sûr Hénin-Beaumont. Au sommet de l'exploitation du charbon, à la fin des années 1940, les Houillères du bassin du Nord et du Pas-de-Calais (HBNPC) comptaient près de 250 000 mineurs.

Je suis un fils du Pas-de-Calais. C'est là que je suis né, le 14 septembre 1970, à Bapaume, dans le sud de l'Artois, une région rurale. Ma jeunesse ressemble à celle des jeunes de mon époque. Les rues du village,

Un homme du Pas-de-Calais

les maisons en briques, le stade de football... À Ervillers, tout près de Bapaume, je fais mes études, je m'intéresse au foot, rien de particulier. Quand je suis au lycée à Arras, vers l'âge de 16 ans, je me rapproche de la section PS de Croisilles. Pourquoi le PS ? J'ai toujours eu des convictions de gauche, j'appartiens à la génération Mitterrand, celle qui manifeste en 1986 contre la loi Devaquet, qui milite pour SOS Racisme, qui arbore la main « Touche pas à mon pote »... Je deviens un sympathisant du PS à l'époque où le secrétaire de section est Henri Legrand, je participe aux réunions, à Arras, aux Faucons rouges, la ville dirigée par Léon Fatous, qui a succédé à Guy Mollet en 1975. C'est le parcours classique d'un adolescent de gauche dans le Pas-de-Calais.

Dans ma famille, on ne parle pas vraiment de politique. Ma grand-mère a marqué la vie du village ; c'était une femme robuste, courageuse. L'une de ces « Mères Courage » dont on dit : « c'est une femme de caractère ». Elle a d'abord tenu une charcuterie, prenant la succession de mon grand-père, en raison des graves problèmes de santé de son mari, qui devenait aveugle. Ma grand-mère venait d'une famille d'agriculteurs ; elle a appris le métier. Puis, l'aisance venant, elle a acheté des terres, des maisons, un commerce – une boucherie –, puis elle a repris un hôtel-restaurant au centre du village. Ce qui est le plus remarquable, c'est qu'elle est devenue présidente des sapeurs-pompiers : une distinction rare à une époque où les femmes étaient peu reconnues en politique et dans la société en général. Elle m'a montré la force de caractère peu commune des femmes, et je crois que c'est à elle que je dois d'avoir découvert, très tôt, et par l'exemple, les valeurs du travail, de l'effort et de la famille. Elle a transmis l'envie et la passion du métier de boucher-charcutier à mon frère, Bruno.

C'est ma mère qui, par la suite, a repris le commerce, dans l'ancienne boucherie familiale. Bref, une famille comme tant d'autres dans le Pas-de-Calais.

Entré à l'université, je me rapproche de la section d'Hellemmes, dont le secrétaire de section était Gilles Pargneaux (devenu par la suite maire d'Hellemmes, député européen et aujourd'hui, depuis 2005, le premier secrétaire de la fédération socialiste du Nord), ce qu'il me rappellera quand nous nous retrouverons plus tard, une fois que je serai devenu maire, par exemple à l'occasion de manifestations à Lille au rectorat contre des suppressions de postes d'enseignants.

Étudiant boursier, après avoir habité en résidence universitaire, j'obtiens un appartement en HLM à Mons-en-Barœul, la ville de Marc Wolf. J'y découvre cette figure du PS et ses conceptions fortes, la gestion municipale socialiste, le non-cumul des mandats et le mandat unique, la parité, la régie municipale... Quand on est jeune étudiant, qu'on arrive dans une ville comme Mons, les idées de Wolf deviennent immanquablement des références fortes.

Voilà quels sont les hommes qui marquent mes premières années au PS : Henri Legrand, Léon Fatous à Arras, Gilles Pargneaux à Hellemmes, Marc Wolf à Mons-en-Barœul... Ils sont restés pour moi des personnages marquants.

Tandis que je poursuis mes études de sciences économiques, le DEUG, puis la licence et la maîtrise, je suis élu pour la première fois à 18 ans, en 1989. J'entre au conseil municipal d'Ervillers, ma commune d'origine, un territoire rural où tous les élus sont sans étiquette, coincé entre les bastions d'Arras, socialiste, et de Bapaume, dont le député-maire est Jean-Paul Delevoye, RPR à l'époque. Ervillers est une petite commune, le conseil municipal n'est guère politisé, le maire est agriculteur, et celui qui le battra, un retraité de la SNCF. Ce sont des gens courageux et dévoués. J'ai 18 ans, c'est l'engagement de la jeunesse, quand on entre dans un conseil municipal pour faire bouger les choses, pour obtenir l'aménagement d'un terrain de football... Ce sont mes premiers pas dans la politique.

La politique, dans le Pas-de-Calais, n'a guère de sens en dehors de la gauche. C'est elle qui domine, depuis longtemps, la partie la plus urbaine et ouvrière du Pas-de-Calais, c'est-à-dire le bassin minier, ainsi que les villes portuaires de Boulogne et Calais. Dans le bassin minier, les élections locales, municipales, cantonales ou régionales, se résument bien souvent à un duel entre le PS et le PC, ou bien à un combat fratricide entre un candidat socialiste « officiel » et un candidat socialiste « dissident », qui vient du PS et qui sans doute y retournera un jour, surtout s'il remporte l'élection. Dans les années 1990, le label écologiste a introduit un peu de diversité dans les étiquettes des candidats, comme aussi le PRG (radicaux de gauche) ou le MDC (Mouvement des citoyens, qui deviendra le Mouvement républicain et citoyen) de Jean-Pierre Chevènement, mais on est resté dans le champ clos de la gauche et des amis ou des alliés du PS. Ainsi, depuis la création des conseils régionaux en 1986, les présidents du conseil régional du Nord-Pas-de-Calais ont toujours été de gauche. Bref, la droite ne pèse pas, n'existe pas.

Si on entre dans le détail des situations locales, on constate que la gauche occupe quasiment tout l'espace politique. Quand on dresse la liste des principales villes du bassin minier, on peut de manière quasi systématique leur accoler un maire de gauche, un conseiller général ou régional de gauche et encore un député de gauche, dont la très grande majorité est socialiste : à Lens, André

Delelis, qui est en 1981 le seul maire socialiste élu au premier tour ; à Liévin, Henri Darras, puis Jean-Pierre Kucheida ; à Nœux-les-Mines, Jacques Villedary ; à Courrières, Albert Facon ; à Montigny-en-Gohelle, Jean-Marie Picque ; à Bruay-la-Buissière, Marcel Wacheux, député, auquel succède en 1988 Serge Janquin, député de la 10e circonscription et à qui succède Alain Wacheux, le fils de Marcel ; à Bully-les-Mines, Michel Vancaille, qui succède en 1983 à Jean Mallet, maire depuis 1951, et à qui succède François Lemaire, son beau-fils...

Pendant longtemps, le PC, à l'époque de ses belles années, a contesté la suprématie du PS et a tenu dans cette région ouvrière ses derniers bastions, à Drocourt, Harnes, Avion, Méricourt, à Sallaumines avec Jules Tell de 1953 (!) à 1986, également conseiller général, puis Gilbert Rolos jusqu'en 2010 ; à Rouvroy, avec Yves Coquelle, maire depuis 1977, conseiller général, puis Jean Haja ; à Billy-Montigny, avec Otello Troni, maire depuis 1977 et conseiller général du canton de Noyelles-sous-Lens, qui laisse son siège en 1999 à son fils Bruno Troni ; ou à Carvin, avec Odette Dauchet, maire depuis 1985, conseillère générale... Le patron de la fédération communiste du Pas-de-Calais, notre « Peppone », c'était Rémy Auchedé, député de la 11e circonscription (Nœux-les-Mines et Carvin), un homme de dialogue. Mais, peu à peu, il a connu dans le département le même affaiblissement qu'au niveau national, avec seulement un décalage dans le temps, et à partir des années 1990, élection après élection, les socialistes ravissent les sièges des communistes.

À l'Assemblée nationale, les électeurs choisissent également pour les représenter des députés issus de la gauche. Quand la tendance nationale est une poussée de la gauche, le PS et le PC emportent la totalité des circonscriptions, et quand la droite a le vent en poupe, quelques députés du centre et de droite sont élus, mais n'empêchent pas la gauche de rester devant en nombre de sièges. Ainsi les 14 députés élus en 1981 dans le département sont-ils absolument tous de gauche : 11 députés socialistes (Guy Lengagne, Roland Huguet, Jacques Mellick, Marcel Wacheux, Noël Josèphe, Henri Darras, André Delelis, André Delehedde...), 2 communistes (Jean-Jacques Barthe et Joseph Legrand) et 1 radical de gauche (Jean-Pierre Defontaine). En 1986, l'introduction du scrutin à la proportionnelle et le contexte de la poussée de la droite font certes élire 3 RPR, 2 UDF et 1 FN, mais la gauche conserve huit sièges et reste majoritaire. Et, en 1988, avec un retour au scrutin majoritaire, la gauche récupère 12 sièges (Facon, Kucheida, Josèphe, Wacheux, Mellick, Jean-Claude Bois, Huguet, Capet, Dupilet, Lengagne...)

Un homme du Pas-de-Calais

et ne laisse que deux circonscriptions à l'UDF, isolées au sud-ouest du département (3ᵉ et 4ᵉ).

Cette toute-puissance de la gauche est également patente aux élections nationales : par exemple, à l'élection présidentielle de 1995, Lionel Jospin devance Jacques Chirac de plus de 8 points au premier tour (25 % contre 17 %) et recueille 57,3 % des voix au second tour. Le scrutin de 2002 est un véritable cas d'école : au premier tour, les quatre candidats arrivés en tête sont dans l'ordre Jean-Marie Le Pen (18,4 %), Lionel Jospin (17,5 %), Jacques Chirac (16,6 %) et Arlette Laguiller (8,35 %). Bien plus, au second tour, le fameux « 21 avril 2002 », les électeurs du Pas-de-Calais ont manifestement eu du mal à voter pour le candidat de droite, fût-il le représentant du camp républicain face à l'extrême-droite : Chirac recueille 77,8 % des voix (un score bien inférieur aux 82,2 % qu'il atteint au niveau national) et Le Pen 22,2 % (soit plus de quatre points au-dessus de son score national de 17,8 %).

Le Pas-de-Calais constitue pour la gauche un véritable bastion, où la tradition électorale est de voter à gauche, quasiment une tradition familiale. Au reste, les dynasties familiales ne sont pas rares : Darchicourt à Hénin-Beaumont, Vancaille à Bully-les-Mines, Wacheux à Bruay, Darras à Liévin…

Tel est le contexte politique où je mets les pieds, encore timidement. Jeune conseiller municipal, je m'intéresse aux élections, je regarde l'évolution politique de loin, et bientôt l'envie de connaître les réalités de la vie politique à une autre échelle, au-delà de mon village, me taraude. Mes activités d'élu municipal m'amènent à rencontrer de plus en plus Jean-Pierre Defontaine, député de la 1ère circonscription du Pas-de-Calais (Arras-Bapaume), radical de gauche, apparenté PS, qui est aussi de 1986 à 1992 vice-président du conseil régional, chargé des affaires agricoles – c'est la circonscription, rurale, qui le veut. L'été, je cherche des petits boulots, ce qui m'amène à travailler au conseil régional du Nord-Pas-de-Calais, au service du courrier (tri, portage ...). C'est là que je rencontre les élus socialistes du conseil régional, présidé par Noël Josèphe, avant Marie-Christine Blandin, première présidente de région écologiste. Je côtoie Michel Delebarre, et surtout Daniel Percheron, qui est depuis 1973 le premier secrétaire de la fédération socialiste du Pas-de-Calais, sénateur, vice-président du conseil régional, pour lequel le jeune élu et militant que je suis nourrit une grande admiration. Percheron, c'est un grand homme mince, aujourd'hui aux cheveux poivre et sel. Je serais tenté de le comparer à un grand sage, un peu comme Panoramix d'Uderzo et Goscinny, auquel on serait immédiatement tenté de faire confiance... Mais tout est une question d'apparence, car j'ai compris, pour l'avoir côtoyé pendant de nombreuses années, que cet homme très intelligent est difficile à cerner ; il n'est pas aisé de savoir ce qu'il pense, je dirais même qu'il est à la limite de la fourberie. Chez lui, je m'en suis rendu compte souvent, tout est calculé, rien n'est jamais gratuit. Il cache sous ses belles proses des messages subliminaux qu'il faut décoder... Mais un grand homme, un visionnaire. Un leader.

Je rencontre aussi Jacques Mellick, notre dandy crooner de Béthune. Bel homme, charismatique, il sait qu'il peut jouer de son physique. Les années passant, le maire de Béthune est devenu un vieux beau, façon Nestor Burma, mais avec un regard tordu. On est encore avant l'affaire VA-OM.

Au conseil régional, je rencontre également des collaborateurs d'élus, dont certains deviendront maires ou parlementaires : Gilles Pargneaux, Didier Manier, Maurice Louf, Bernard Cailleau, et de nombreux autres.

En parallèle, je prépare mon CAPES de sciences économiques. Au lycée Gambetta d'Arras, je suis le stage d'un professeur d'économie qui était mon tuteur, Max Deleval ; il m'a profondément marqué et son enseignement a déterminé pour une bonne part mon choix de suivre des études d'économie.

Un jour de 1992, Defontaine me reçoit et me dit : « Il faut que tu rencontres Percheron, il a un poste à te proposer. » Je rencontre *illico* Percheron, qui m'explique que Pierre Darchicourt, maire d'Hénin-Beaumont, cherche un collaborateur.

Pour bien comprendre toute cette histoire, il est nécessaire de brosser un rapide tableau de l'histoire de la commune d'Hénin-Beaumont, dont la création est récente. Pierre Darchicourt est le fils de Fernand Darchicourt, socialiste, élu maire d'Hénin-Liétard en 1953, dernier député d'Hénin, auquel Albert Facon succédera. Un autre socialiste lui succède à la mairie, Jacques Piette, Compagnon de la Libération, envoyé par Mitterrand, et qui sera le dernier maire d'Hénin-Liétard. Visionnaire, il a bien compris qu'après la fermeture du dernier puits de mine en octobre 1970, maintenant que la mine appartient à l'Histoire, la ville minière va mourir de sa belle mort, avec ses mines et ses terrils. À moins de fusionner avec Beaumont-en-Artois, qui possède les terrains permettant de créer des zones économiques et d'attirer les entreprises. C'est un enjeu d'aménagement du territoire, mais aussi une stratégie politique : il s'agit d'éviter que Beaumont ne passe aux mains du PC : c'est un fief de la Coopérative centrale du pays minier (la CCPM, née en 1955, qui a pris la suite de la Coopérative centrale du personnel des mines, créée au début des années 1940), marquée par une forte empreinte communiste, gérée par des dirigeants de tendance communiste ou cégétiste. Rappelons que c'était alors la grande époque des combats entre le PS et le PC, qui tenait toute une ceinture de communes, au sud, Rouvroy, Avion, Drocourt, Méricourt... À partir de 1971, Jacques Piette réussit la difficile transformation d'une ville minière, Hénin-Liétard, vers une ville nouvelle, Hénin-Beaumont, qui s'est dotée d'une vaste zone commerciale dans le secteur du Bord des Eaux, ce qui permettra à la ville de se tourner vers le commerce et les services. Le maire socialiste a effectivement réussi son OPA : il est devenu le premier maire d'Hénin-Beaumont, et le restera jusqu'en 1989. Reconnaissons qu'à Beaumont-en-Artois les habitants se disent encore Beaumontois, pas Héninois, et qu'on parle du « village de Beaumont » ; on y a mal accepté la fusion avec Hénin-Liétard, le mariage forcé entre le village et les ouvriers-mineurs.

Au décès de Jacques Piette en 1989, Pierre Darchicourt devient maire et président du district. Il est également élu conseiller régional ; désigné vice-président, il est d'abord chargé de la culture et des sports, puis de la formation professionnelle et de l'apprentissage. Darchicourt porte donc trois casquettes et, avec la charge de travail que cela implique, il cherche quelqu'un pour l'aider à la mairie.

À partir de là, les choses se passent le plus simplement possible. Recommandé par Percheron, je prends rendez-vous, je suis reçu par Darchicourt, qui me décrit le poste en me disant : « Je suis maire et conseiller régional, il me faut quelqu'un pour me rédiger des notes, préparer mes interventions à la région, préparer les dossiers, assurer l'interface entre la région, le district et la mairie, suivre les dossiers locaux des maires des 14 communes du district... »

Darchicourt, c'est un homme grand, bien en chair, gros et gras comme les bourgeois tels que Daumier les dessine dans ses caricatures, avec des yeux proéminents, un caractère très lunatique et un penchant pour la boisson. Son père, Fernand Darchicourt, a été le dernier député d'Hénin. Pierre n'a jamais trouvé son identité, il est toujours passé pour « le fils de Fernand », sans réussir à être considéré pour lui-même et n'existant guère qu'à travers son nom. Il s'est cherché longtemps, et se cherche toujours. Les « fils de » ont la facilité de profiter d'un héritage, mais la vie le leur fait souvent payer cher... Pierre Darchicourt est un homme bien seul, tant sur le plan professionnel que sur le plan familial. Je l'ai fréquenté pendant des années, j'ai toujours été frappé par la manière dont il a vécu constamment avec la haine de Jacques Piette, parachuté de Paris sur la volonté de Mitterrand, une arrivée que Darchicourt n'a jamais acceptée. Et la femme de Fernand, Yvette, fut la première adjointe de Piette. La ville était devenue un bastion familial, où on se transmet le pouvoir de père en fils. Darchicourt continue, dans les années 1990, à vouloir prendre sa revanche : après avoir repris la mairie, il veut récupérer aussi la députation de son père et ambitionne de devenir un jour député de la 14e circonscription, en battant son « ami » socialiste, le député en place Albert Facon.

Pour comprendre la vie politique d'Hénin, il ne faut jamais oublier ce clivage essentiel, fait de haines recuites, entre les Darchicourt et les Piette.

Avec cette proposition d'emploi, me voilà à un carrefour : d'un côté les études à poursuivre, de l'autre l'entrée dans la vie active, qui est aussi l'entrée dans le monde politique. On me propose un poste de collaborateur d'élu qui m'intéresse, la politique m'a toujours attiré et la perspective de travailler au côté d'un élu socialiste est alléchante. De plus, c'est une demande de Daniel Percheron. Je réfléchis rapidement et j'accepte. Je viens m'installer à Hénin – je ne sais pas encore que c'est pour plus de quinze ans.

Je revois Darchicourt et là, double surprise. Il m'explique qu'il n'a pas de poste pour moi en mairie, où les postes sont statutaires et en ce moment tous occupés, ni à la région, où travaillent des conseillers techniques. Par conséquent, me dit-il,

« Vous allez être employé de la SAEMIC. » Étonnement de ma part : « C'est quoi, la SAEMIC ? » Je découvre alors l'existence de la SAEMIC, dont je n'avais jamais entendu parler auparavant ! Darchicourt est président de la Société anonyme d'économie mixte immobilière de construction, créée par Jacques Piette pour aménager la ville, qui fusionnera plus tard avec Artois Développement, la SEM de Liévin présidée par Jean-Pierre Kucheida, pour devenir Avédia en 2005. À peine embauché au service d'un élu socialiste, me voilà aussitôt confronté aux emplois fictifs ! « Vous n'y serez pas physiquement, et puis ça ne durera pas, c'est temporaire, juste le temps de trouver une solution en mairie ou à la région. » Darchicourt appelle devant moi le directeur de la SAEMIC, Michel Pichereau, et lui dit : « Je t'en ai parlé, Gérard est dans mon bureau, je te l'envoie pour que tu voies son contrat avec lui. »

Je vais à la SAEMIC, dont les locaux sont situés alors juste à côté de la mairie, rue Robert-Aylé. Je suis reçu par Pichereau et son adjoint, Yves Debeaumont. Une rencontre du troisième type… On m'explique qu'à la SAEMIC les locaux sont petits, que je ne pourrai pas y avoir de bureau, « de toute façon, vous n'allez pas travailler ici, vous irez travailler à la mairie, à la région ». Ma rencontre avec tout un système… Je tombe des nues !

Je découvrirai par la suite que le photographe et la chargée de communication de la ville sont également tous les deux des salariés fictifs de la SAE-MIC, à la demande de Darchicourt.

Pour donner le change, Pichereau me présente des dossiers de la SAEMIC sur lesquels je suis censé travailler, des projets d'aménagement de l'entrée nord d'Hénin-Beaumont. Je dois m'en inspirer au cas où un contrôle serait effectué sur la réalité de mon emploi au sein de la SEM. Tout est organisé pour que les apparences soient sauves et que les entorses à la légalité puissent se poursuivre en toute tranquillité.

Avec du recul, il est aujourd'hui très facile, et simpliste, de se dire que j'aurais pu refuser. Mais, dès mes premières rencontres avec Percheron et Darchicourt, le décor est planté, les acteurs ont leur rôle depuis des années, la pièce est jouée ainsi depuis longtemps. Le système fonctionne de cette façon, je me dis que cela doit être la pratique habituelle, en plus on m'assure que c'est transitoire, que cela ne durera que le temps de trouver une solution plus en règle. Mais le transitoire a duré au moins six mois, un an.

Darchicourt m'installe donc à la mairie d'Hénin-Beaumont, dans un bureau au deuxième étage, que je partage avec un chargé de mission, puis très vite il me donne un bureau au premier étage, au cabinet du maire. Dans le bureau voisin, il y a Claude Chopin, avec qui je fais connaissance.

Claude Chopin, socialiste héninois de très longue date, la cinquantaine, est le premier adjoint de Darchicourt, l'ancien adjoint aux travaux de Piette. Il sera en 2001 mon premier adjoint, délégué aux finances. Les maires passent, Chopin reste, les affaires continuent. Figure importante du PS local, il a été secrétaire national des jeunesses socialistes et l'homme fort des relations avec le PS au niveau national, il y a côtoyé Jacques Mellick et tous ceux qui se sont illustrés dans les jeunesses socialistes, il fréquentait régulièrement la Cité Malesherbes, siège socialiste à l'époque. Sa mère, Berthe Chopin, était la première adjointe de Fernand Darchicourt. Il est donc au cœur de ce système politique où le pouvoir se transmet de père en fils, pour « rester dans la famille », comme on dit dans la mafia... Son sourire bêta et son rire sarcastique m'ont souvent fait penser au personnage du bossu dans les comédies ; avec ses cheveux blancs, on le prendrait pour un petit vieux, gentil – mais avec lui il faut se méfier des apparences. Un homme nerveux, pas à l'aise, instable. Grand argentier du PS, ce vieux militant a été mis à l'honneur par François Hollande quand il était premier secrétaire, en février 2008. Cinquante ans de parti, cinquante ans de magouilles... J'y reviendrai.

Chopin est également le bras droit du directeur de l'hôpital d'Hénin ; directeur des travaux du centre hospitalier, il est toujours présent quand il s'agit de travaux, d'appels d'offres – un homme placé au cœur de ce secteur du BTP où l'on n'a guère de scrupules à prendre ses aises avec la loi.

Cet inamovible socialiste de l'arrière-boutique est derrière la passation de tous les marchés, derrière tous les accords ; c'est aussi celui qui doit le mieux connaître le chemin entre Hénin et le Luxembourg, par la route ou par les airs. Je découvrirai en effet à l'occasion de l'affaire des avions-taxis, mise à jour par la Chambre régionale des comptes, que Claude Chopin se rendait régulièrement au Luxembourg, on y reviendra plus loin.

Chopin et moi, nous allons faire plus ample connaissance, nous voir régulièrement, et je vais vite apprendre à connaître la musique. Ma rencontre avec le « système » du PS du Pas-de-Calais est très rapide : après l'emploi fictif, me voilà installé dans le bureau voisin de celui de Chopin, l'homme des travaux, des affaires, l'homme du PS.

***

Si l'emploi fictif était ma première surprise, à mon entrée dans le milieu politique, la deuxième est le conseil de vigilance que me donne Percheron.

J'ai repris rendez-vous avec lui pour le tenir au courant de mes contacts avec Darchicourt, et il m'explique qu'il faut entourer le maire d'Hénin, car le canton d'Hénin-Beaumont a été perdu – Claude Chopin, candidat du PS, a été battu par le candidat divers droite, le maire de Noyelles-Godault. Percheron pense que Pierre Darchicourt est fragile, son attention a été alertée également par Albert Facon, et il me demande de lui faire remonter les difficultés. Effectivement, la députation sera perdue en 1993 : Jean Urbaniak battra Albert Facon, et le maire d'Hénin ne sera pas pour rien dans la perte de cette circonscription...

J'avais déjà vu Daniel Percheron dans des réunions publiques du PS, et là j'avais une de mes toutes premières discussions avec lui. Il a toujours été pour moi plus qu'un modèle, un homme visionnaire, un tribun, doté d'un fort charisme. Alors, quand il me dit que Darchicourt lui apparaît faible, que Facon pense de même, qu'il faut faire attention, l'entourer, être vigilant, prudent, je me dis qu'il ne peut pas se tromper, qu'il y a de bonnes raisons. Je lui fais confiance. En fait, il a connaissance des sondages des législatives, Darchicourt a déjà une très mauvaise cote en 1992.

Ma mission, par conséquent, c'est aussi d'avoir un œil vigilant sur l'évolution politique d'Hénin-Beaumont.

Chapitre II

Petits arrangements entre amis : la vie municipale à Hénin-Beaumont

De 1992 aux années 2000, je vais découvrir comment le maire et ses proches gèrent Hénin-Beaumont d'une manière très particulière, organisant un système où les moyens municipaux sont essentiellement mis au service du PS et de ses élus, et où un réseau d'entreprises amies fait main basse sur les principaux chantiers et marchés de la ville. À Hénin-Beaumont, comme dans d'autres villes du bassin minier – et même dans d'autres villes de France –, la société d'économie mixte constitue un levier de pouvoir et de financement essentiel.

Je travaille aux côtés de Darchicourt : je fais les déplacements entre Hénin et le conseil régional à Lille, je rédige des notes, je prépare des projets de discours, je suis les dossiers des maires du district...

Bref, le travail d'un chargé de mission, plus que celui d'un collaborateur. Je ne ménage pas mon zèle et mes efforts pour me rendre indispensable. On se rapproche, tous les deux. Nous nous rendons à la région ensemble, nous travaillons à la mairie ensemble. Il me présente rapidement Daniel Duquenne, directeur du Centre communal d'action sociale (CCAS) d'Hénin-Beaumont, et me dit que nous allons travailler ensemble. Le maire me fait comprendre que sa directrice de cabinet, Anne Decoupigny, occupe des fonctions purement techniques ; c'est la fille de Pierre Frackowiak, adjoint de Kucheida à Liévin, mis en examen dans l'affaire de l'ORCEP, qui avait éclaboussé le PS du Pas-de-Calais dans les années 1980, avec emplois fictifs et détournements de fonds. Le torchon brûle entre Kucheida et Frackowiak, Darchicourt embauche la fille de celui-ci, d'où s'ensuit une vieille rancune entre les deux maires. Darchicourt, donc, a peu de considération pour sa directrice de cabinet, qu'il charge de gérer des problèmes techniques, l'agenda du maire, ses rendez-vous, elle ne s'occupe pas de politique et il ne parle jamais de finances avec elle. C'est avec Daniel Duquenne, qui occupe pourtant dans l'organigramme de la mairie un poste purement technique, que je l'entends parler élections, politique et financement. Duquenne a autrefois trahi Piette pour soutenir Darchicourt, qui le lui rendit bien en le nommant directeur du CCAS, lui offrant une carrière fulgurante dont bien peu de cadres de la fonction publique territoriale bénéficient habituellement.

Je vais de surprise en surprise ! Chopin, Duquenne, les deux hommes sont visiblement très proches. Duquenne et son statut ambigu, le véritable directeur de cabinet derrière une façade de directeur de CCAS...

On apprend à se connaître, Darchicourt, Duquenne et moi. Le maire me propose en 1993 un poste de collaborateur de cabinet en mairie. Désormais les choses sont officielles, on tire un trait sur cet emploi fictif illégal à la SAEMIC. J'ai un bureau avec un nom dessus, un titre, des cartes de visite. Par ailleurs, le travail sur les dossiers de la région devient de plus en plus accessoire, je travaille essentiellement sur les dossiers politiques de la mairie.

Darchicourt et Duquenne auront entre-temps « coupé les ponts » avec un autre collaborateur, Fortunato Maldonato. La fin de ce dernier sera tragique et son frère, Saverio, alors adjoint de Darchicourt, en voudra au maire d'avoir « utilisé, usé puis sali » son frère.

Le canton, puis la députation perdus, nous préparons les élections municipales de 1995 et travaillons à la réélection du maire. Darchicourt va encore davantage s'isoler et se replier sur Duquenne, Pichereau, le directeur du district Roger Gouy et moi. Autour de lui, il n'y a que très peu de personnes. Il est coincé entre ses « amis » politiques du PS qui le lâchent déjà (on n'est pourtant qu'en 1993-94) – Facon, Kucheida… – et le contexte local où Jean Urbaniak est devenu l'homme fort. En effet, le maire de Noyelles-Godault, conseiller général et député, est en permanence dans la commune d'Hénin-Beaumont. Darchicourt va jusqu'à soupçonner Frackowiak, Decoupigny, Urbaniak…, de comploter contre lui. Il en veut à la terre entière, à sa directrice de cabinet, marginalisée de plus en plus, à ses adjoints. Il met de côté tous les anciens et un nouvel homme intègre le petit groupe : Jean-Luc Lottegier, intelligent, dynamique, plein d'idées, cadre de la Sécurité sociale, un homme neuf dans le circuit, simple conseiller municipal délégué. Pierre part sur une équipe nouvelle.

Je m'installe dans le rôle de collaborateur de cabinet : je m'occupe des rendez-vous du maire avec les associations, les syndicats, diverses structures, je gère aussi les questions politiques, les liens avec la fédération socialiste. Cela m'amène à rencontrer les hommes forts du PS du Pas-de-Calais, et j'entre au conseil fédéral du PS. Darchicourt me demande de l'accompagner au conseil régional, de l'assister au district, à la SAEMIC, dont je participe à toutes les réunions... C'est l'ironie de la situation : après l'emploi fictif, je me retrouve à assister aux réunions de la SAEMIC, sans y avoir aucune fonction qui justifierait ma présence.

La SAEMIC est très importante dans tout le système de financement occulte mis en place par le PS à Hénin-Beaumont. J'y découvre le réseau des entreprises, un réseau affairiste ; j'y découvrirai plus tard le rôle considérable du réseau local franc-maçon. Évidemment, Chopin est administrateur et vice-président de la SAEMIC : rien d'étonnant, dès lors qu'il y a des travaux et des appels d'offres...

Tout se passe après les réunions du conseil d'administration de la SAEMIC : une fois que la réunion officielle, en présence du receveur municipal, est terminée et enregistrée, une fois rédigé le procès-verbal qui sera transmis en sous-préfecture pour contrôle de légalité, les choses sérieuses commencent. C'est au moment où on sort les bouteilles de whisky et les verres, que les affaires se règlent « vraiment ». Je découvre tout le versant caché des appels d'offres. Sont présents les architectes, les entreprises de travaux publics, quasiment tous les corps de métiers sont représentés... C'est à ce moment qu'il est décidé que, pour la construction de tel bâtiment, on va prendre telle entreprise d'électricité ou de plomberie, qu'untel aura le marché du chauffage... Pichereau organise tout cela, à la demande de Darchicourt et sous le regard vigilant de Chopin. Les appels d'offres sont ensuite lancés officiellement, mais on sait par avance à qui ils seront attribués. Or le poids financier de la SAEMIC, qui gère pas moins d'un millier de logements, est considérable.

J'entends tous ces petits arrangements, au début médusé, puis habitué... Je découvre l'arrière des SEM : elles s'occupent d'aménagement du territoire, de développement local certes, mais à l'arrière ce qui se fait n'est pas joli. On retrouvera tout cela à la puissance mille avec Adévia, la SEM de Liévin, à la main de Kucheida.

J'ai déjà compris que le système est pourri jusqu'à la moelle.

Un autre exemple du système socialiste héninois ? En tant que collaborateur de cabinet, j'organise la réception pour la pose de la première pierre d'un chantier réalisé dans le nouveau quartier du Bord des Eaux, à l'est de la ville. Il s'agit d'un bâtiment-relais, destiné à des activités tertiaires et commerciales. Sont présents les principaux élus de la région et les entreprises qui ont participé aux travaux. Et là, une fois la partie officielle de la première pierre terminée, après le champagne et les petits fours de la réception, le patron d'une entreprise de travaux publics d'Hénin-Beaumont vient vers moi et me tend une enveloppe : « C'est pour Pierre, c'est pour le PS, c'était convenu comme ça. » Je ne l'ouvre pas, mais l'enveloppe n'est pas cachetée et je vois des billets à l'intérieur. Je suis surpris, j'imaginais que de tels échanges se déroulaient plutôt dans la confidentialité du bureau du maire. Je rentre ensuite à la mairie et, une fois en comité restreint avec Duquenne et Darchicourt, je donne au maire l'enveloppe du généreux entrepreneur. Darchicourt, nullement étonné, ouvre le coffre-fort qui est placé derrière son bureau et y met l'enveloppe. Ce n'est assurément pas la première, ce ne sera pas la dernière.

Quelques années plus tard, dans le cadre des perquisitions qui seront faites dans mon bureau en mairie, on retrouvera ce coffre, situé près du buste de Jean Jaurès.

Tel est le fonctionnement du système de corruption organisé par les élus socialistes. En amont, les marchés sont organisés, truqués, arrangés ; en aval, le retour de cette organisation, c'est l'argent donné à la fédération du PS. Au cœur de ce système qui n'est pas loin d'être mafieux, mais sans le sens d'association criminelle ni les « pieds dans le béton », il y a Claude Chopin, qui est chargé des travaux et des marchés depuis des années, l'homme de l'ombre placé dans les différentes structures où se décident les attributions. Moi, j'ai une vingtaine d'années, jeune collaborateur du maire, je découvre toute cette organisation. Et je me dis : c'est comme cela, le système marche ainsi depuis des années. Tout a l'apparence de la moralité, les irrégularités deviennent banales.

Encore un exemple de ces magouilles ? Les entreprises qui participent à la SAEMIC sont les mêmes qui construisent la maison de Darchicourt à Hénin. En effet, le maire a acheté un terrain et fait construire une maison. Or l'architecte auquel il fait appel est un architecte très fréquemment sollicité par la SAEMIC et toutes les entreprises qui la construisent, du gros œuvre à l'électricité ou à la plomberie, appartiennent au conseil d'administration de la SAEMIC... à tel point que le chantier de la maison personnelle de Darchicourt est suivi par le directeur de la SAEMIC en personne, Pichereau ! La confusion entre l'argent public et les intérêts privés est totale ! Bien plus, ce sera la même chose à Berck-sur-Mer, où Darchicourt a acheté un appartement, qu'il fait aménager par les mêmes entreprises présentes au conseil d'administration de la SAEMIC.

Évidemment, dans tout système, même soigneusement verrouillé, il y a toujours un grain de sable. Là, il s'appelle Jean-Marc Legrand. Parmi les entreprises qui travaillent à la maison de Darchicourt, il y a Région Câble, pour la télévision, et le technicien qui participe à cette intervention est Jean-Marc Legrand, qui est à l'époque... conseiller municipal d'opposition (sans étiquette) à Hénin-Beaumont ! On imagine sa surprise de voir que les entreprises et l'architecte sont des intervenants de la SAEMIC, que ceux qu'il voit sur tous les chantiers de la ville sont aussi ceux qui participent à la réunion de chantier de la maison de Darchicourt, réunion dirigée par le directeur de la SAEMIC lui-même. On lui donne même un procès-verbal de réunion de chantier, signé par Pichereau ! Mais Legrand, qui d'ailleurs deviendra mon adjoint en 2001, n'a jamais rien dit, rien fait, car on l'en a empêché : Darchicourt fait pression auprès de Bernard Lecomte, le grand patron de Région Câble, pour que Legrand perde son emploi. Et Jean-Marc a une famille, une femme, des enfants. J'ai moi-même participé au déjeuner où Darchicourt a dit à Lecomte : « Il faut que tu dégages Legrand ». Mais Lecomte, un chef d'entreprise sérieux qui n'avait rien à reprocher à Legrand, un technicien qui faisait bien son boulot, ne l'a jamais licencié. Legrand a toujours en sa possession les procès-verbaux compromettants.

Du côté de la campagne municipale elle-même, tout n'est pas net non plus. Darchicourt commande un sondage, qui révèle qu'Urbaniak, s'il se présentait à la mairie d'Hénin, serait élu ; la fragilité du maire PS est confirmée. Alors qu'un tel sondage doit légalement figurer dans les comptes de campagne du candidat, l'institut d'opinion qui le réalise l'habille pour lui donner un objet municipal, et ce sondage est payé à moitié par la ville d'Hénin et à moitié par la section socialiste. C'est un mode de financement qui n'est pas légal : l'argent municipal ne peut pas servir à payer la campagne du candidat.

Pour produire les documents de campagne de Darchicourt, on s'adresse à l'imprimerie L'Artésienne à Liévin, qui constitue le centre névralgique de toutes les campagnes électorales du PS, et aussi l'imprimerie de beaucoup de mairies PS – les choses sont quand même bien faites, dans le Pas-de-Calais ! Je découvre que l'imprimerie sait moduler ses tarifs. Par exemple, si un candidat fait imprimer 15 000 tracts, on lui en facture 10 000 pour sa campagne et 5 000 pour le journal municipal de la ville. La proportion est en général d'un tiers pour la mairie. Un des hommes forts de cette combine, c'est Daniel Boczkowski, le secrétaire fédéral de la fédération PS du Pas-de-Calais chargé de la communication. Le terme de « communication » doit se comprendre au sens large, qui va de la communication aux relations publiques. Il communique tellement bien qu'il vous conseille sur la stratégie et vous aiguille jusqu'à l'imprimerie ! Il est cadre à Dalkia, ex Générale de chauffe – toutes les villes du secteur ont d'ailleurs passé leur marché de chauffage (pour la mairie, la piscine, les écoles) avec Dalkia. Rien d'étonnant à cela... Bref, l'Artésienne s'occupe de la communication des communes, de celle de la fédération PS, des campagnes électorales. Le hasard fait souvent bien les choses dans le 62.

Cette élection municipale de 1995 me réserve décidément bien des surprises. En effet, j'assiste dans les coulisses avec Duquenne à la naissance politique de... Steeve Briois.

Expliquons le contexte, qui est à la fois politique et familial. Pierre Darchicourt et son frère Yves, qui est membre du FN, ne s'entendent pas. Yves juge que son frère n'est pas digne de succéder à leur père, il ne supporte plus d'être dans l'ombre depuis des années, et veut se présenter contre lui aux municipales à Hénin-Beaumont. J'assiste à la réunion de famille qui doit régler ce conflit fratricide digne des Atrides, où chacun des deux frères, Atrée et Thyeste, se disputant la succession du roi de Mycènes, imagina les coups les plus lâches pour éliminer l'autre. La mère, Yvette, supplie son fils Yves de ne pas se présenter contre son frère. Pierre Darchicourt crée alors une tête de liste FN : c'est Steeve Briois. Lui qui habite alors à Noyelles-Godault, est inscrit sur les listes électorales d'Hénin à l'adresse de Laurent Brice (aujourd'hui un de ses conseillers et colistiers), rue Amédée Dunois à

Hénin. Briois n'est pas connu, il ne représente rien, il est le moins dangereux. C'est bien Darchicourt qui lance sa carrière à Hénin, en faisant le choix de se créer un opposant FN afin d'éviter une lutte fratricide pour la succession du père. Quelques années plus tard, la femme d'Yves sera élue conseillère régionale FN, Marie-Paule Darchicourt.

Au premier tour, le 11 juin 1995, Darchicourt est mis en ballottage, alors que Jean-Pierre Kucheida est élu au premier tour à Liévin, comme Jacques Mellick à Béthune, Albert Facon à Courrières, Serge Janquin à Bruay-la-Buissière ou Odette Dauchet, la maire communiste de Carvin… Dès lors, sur la carte électorale du Pas-de-Calais, on pointe du doigt Hénin-Beaumont : que se passe-t-il dans cette terre rose PS ? Comment se fait-il que Jacqueline Hauchart, élue UDF, qui a à l'époque plus de soixante-dix ans, ait pu mettre en ballottage le jeune maire d'Hénin, héritier de la dynastie Darchicourt ? Il y a l'affaiblissement de Darchicourt, et aussi le poids du FN. Déjà.

Le deuxième tour voit l'élection, pour la première fois, de conseillers municipaux FN à Hénin. Comme une application au niveau local de la stratégie de Mitterrand, après les élections cantonales de 1982, qui visait à faire monter le FN pour affaiblir la droite… Une stratégie qui, plus tard, reviendra en boomerang dans la tête du PS héninois !

Au total, en plus de l'isolement local de Darchicourt, en plus de la défaite cantonale et de la perte de la députation, il a favorisé la création d'un FN qui, quinze ans plus tard, prendra un poids considérable et offrira à Marine Le Pen sa chance et un territoire pour prendre son essor.

La liste de Darchicourt l'emporte finalement au deuxième tour, avec moins de 48 %. Il se sépare de sa directrice de cabinet, de beaucoup de ses élus et, comme il l'avait fait dans sa campagne, il s'entoure d'hommes neufs.

Au PS, quand vous avez gagné, vous avez raison. Darchicourt a gagné sa mairie, malgré tout ; il a donc sa place à la région, où il est réélu en 1998.

Après les élections municipales, je suis nommé directeur de cabinet. À la SAEMIC, les dossiers et les affaires se poursuivent, le coffre-fort du bureau du maire continue d'être rempli de la même façon. Ce que j'avais vécu comme collaborateur de cabinet se conforte après l'élection. Les entreprises ne peuvent décrocher les marchés que si elles passent par le bureau du maire et mettent la main à la poche.

Je franchis ensuite une étape supplémentaire dans ma découverte de ce « milieu » qu'est devenue la politique des élus PS dans le bassin minier. Darchicourt m'en avait déjà parlé, mais là le moment est venu d'être initié à la franc-maçonnerie.

Je deviens franc-maçon par une démarche sincère, parce que cela m'intéresse, me questionne, que j'ai réellement envie de découvrir cette institution, et mon entrée se fait donc avec la plus grande naïveté. Je crois vraiment à la sincérité de la pratique, les frères que je rencontre à cette occasion ne sont pas tous affairistes. Policiers, enseignants, entrepreneurs, boulangers, ouvriers… on y rencontre tout le monde, des hommes venus de tous horizons et de tous milieux, et je dois dire que j'ai vécu de grands moments dans les tenues des loges. C'est vraiment quelque chose qui vous élève.

Chaque frère « planche » sur son sujet : il présente une planche, sur un sujet choisi à la discrétion d'un frère, et avalisé auparavant par le Vénérable. « Vénérable maître, et vous tous mes frères en vos grades et qualités, j'ai l'honneur de présenter mes travaux relatifs à l'art floral, à l'enseignement, à l'horlogerie… » Par exemple, un artisan va expliquer ce qui fait la beauté de son métier, parler à sa façon, avec ses mots – c'est là que réside l'intérêt de la franc-maçonnerie. On y rencontre d'ailleurs beaucoup d'hommes à la retraite, qui ont du temps disponible ; un garagiste, un boulanger, un enseignant écoute des planches qui vont l'élever, le tirer vers le haut… Eux ne sont pas là pour des tractations d'appels d'offres d'après-tenue.

Les uns sont à la Grande Loge de France, à Lens, tels Daniel Duquenne et Claude Chopin ; les autres au Grand Orient de France, comme Darchicourt, qui a créé sa loge à Hénin – elle siège rue de Verdun, dans des locaux mis à disposition par la ville... Duquenne me conseille de venir à la Grande Loge, Darchicourt me suggère le Grand Orient de France. Je choisis le Grand Orient, où mon parrain est Darchicourt. Lors du rite d'initiation, le Vénérable dit : « Retourne-toi, tu verras ton pire ennemi ». Normalement, un frère situé derrière moi doit me tendre un miroir – votre pire ennemi, c'est vous-même –, mais là, le frère c'est Darchicourt, qui a oublié le miroir ! Mon pire ennemi, c'est Darchicourt...

Je découvre le langage et les codes de la loge, les phrases rituelles : « Il est l'heure d'ouvrir nos travaux, vénérable maître », « Vénérable maître, un frère de ma colonne demande la parole... », « On frappe à la porte, Vénérable maître... », ou encore « Formons la chaîne entre nous, mes frères ».

Après la tenue, les frères se retrouvent autour d'un repas, les « agapes ». Et là je découvre que le directeur de cabinet a été initié parce qu'il est intéressant qu'il soit présent : les marchés publics se traitent ici aussi. Il n'y a plus de rituel, on ne se donne plus du « Vénérable », il n'y a plus de rapport hiérarchique. L'entente est d'autant plus aisée que tous se tutoient. La fraternité, l'un des trois volets de notre devise républicaine, prend alors son véritable sens.

Chacun a une fonction qui peut en intéresser un autre. L'un est entrepreneur dans le bâtiment, l'autre donneur d'ordre, maître d'ouvrage, un autre est maire, directeur de SEM, un autre encore est architecte... Rien n'est laissé au hasard : tous les maillons sont là, pour ne pas rater un marché, une candidature, un appel d'offres. On discute, tout à fait librement. Un maire évoque les chantiers à venir dans sa commune, tel frère dirige une société de BTP, un marché l'intéresse, le maire va justement lancer un appel d'offres... « Tiens, j'ai vu que ta commune va lancer un appel d'offres pour la construction d'une école (ou d'une crèche ou d'une salle de sport)... Tu sais que j'ai une entreprise d'électricité... » Ledit maire appelle son directeur des services techniques qui, frère lui aussi, n'est pas loin, ou bien son adjoint chargé des travaux ou de l'urbanisme – c'est quand même pratique d'avoir tout le monde sous la main – et lui dit : « Discute avec untel, on va le faire travailler pour le prochain chantier... » Et, par le plus grand des hasards, on retrouvera cette entreprise, qui pose des sols souples ou des menuiseries intérieures, retenue dans un marché qui ne fait pas l'objet d'un appel d'offres, mais d'une simple mise en concurrence, ou bien, si le marché est soumis à un appel d'offres, elle sera retenue comme l'entreprise la mieux-disante, ou encore on la retrouvera comme sous-traitant. C'est ainsi qu'EBTM excelle dans la capacité à trouver des talents chez de nouveaux sous-traitants, et il n'est pas rare qu'elle fasse appel à une société que Chrétien ne connaissait pas deux jours auparavant.

À mon grand étonnement, je retrouve dans la franc-maçonnerie tous les grands responsables de la fédération socialiste du Pas-de-Calais, Jacques Mellick, Jean-Pierre Kucheida, Daniel Percheron, Jean-Pierre Chruszez... Et aussi des patrons d'entreprise, Jacques et Christophe Masquelier, Romain et Laurent Gibello, Yvan et Patrice Chrétien, Bernard Fourdrinier, Richard Zaczek, Jean-Marc Bouche...

Un frère peut aussi conclure l'embauche de sa fille ou de son beau-frère, attirer l'attention sur une demande de logement, organiser en amont une vente de terrains... Un exemple de ces « petits arrangements » entre frères ? Sous le mandat de Darchicourt, le siège de la section locale du PS à Hénin-Beaumont, au 147 de l'avenue Victor Hugo, a été revendu par la fédération à travers la SCI Victor-Hugo à Jean-Luc Candelier, qui était le directeur des services techniques de la ville ; l'affaire a été suivie par un autre frère, Émile Delannoy, un ancien adjoint de Darchicourt.

Cerise sur le gâteau : les repas des agapes sont, pour la plupart, livrés par la société de restauration avec laquelle la mairie travaille, et préparés au restaurant municipal Darcy. C'est d'autant plus facile que la réunion se tient dans les locaux municipaux. Les locaux où se situe la loge maçonnique sont mis à disposition par la mairie ! Il ne viendrait à l'idée d'aucun frère d'apporter son écot. Les agapes sont donc payées en large partie par la ville, c'est-à-dire financées par la collectivité, par les contribuables d'Hénin-Beaumont. Sous les mandats de Pierre Darchicourt, non seulement les agapes, mais aussi les repas du groupe des élus socialistes et républicains sont préparés au restaurant scolaire et fournis par la société de restauration qui travaille pour la ville.

Il arrive également qu'on se réunisse entre frères de loges différentes. « Tiens, nous, à Liévin ou à Béthune, on voudrait venir à votre prochaine réunion, vous vous réunissez quand ? On ira vous saluer avec deux ou trois frères. » C'est l'occasion d'agrandir le réseau, et d'élargir le champ des prochaines opérations fructueuses...

Je m'interroge : est-ce que j'ai été initié comme un citoyen lambda qui est intéressé par la franc-maçonnerie ou parce que je suis le directeur de cabinet du maire ? Est-ce que je suis le collaborateur du maire à la loge comme je le suis à la mairie ou à la région ?

Avec un tel fonctionnement, on comprend que l'intérêt de la franc-maçonnerie réside, pour ces frères-là, dans l'échange d'informations. On a de l'importance, parce qu'on détient telle ou telle information qui peut servir à un frère.

L'entraide entre frères est à la base du fonctionnement quotidien de la franc-maçonnerie et, par mon expérience, j'aurais tendance à penser qu'elle en constitue la raison d'être. Par exemple, Kucheida va aller à telle loge, on se méfie d'untel parce qu'il pourrait avoir vu récemment Dalongeville... Tel frère va raconter les dernières informations qu'il a en sa possession sur la Soginorpa, on se transmet des échos sur les gardes à vue, etc.

Évidemment, cette entraide dépasse le sens premier du terme, pour se transformer en échange d'informations qui ne devraient pas être divulguées, en échange de données confidentielles, qu'il s'agisse de rapports de police ou de rapports d'audition.

Quant à savoir si cette situation est propre au bassin minier, je m'interroge aussi. En tout cas, force est de constater que la franc-maçonnerie très présente aussi dans l'affaire du Carlton de Lille... Est-ce que toute la franc-maçonnerie a un tel fonctionnement, une telle raison d'être ? Au fond de moi-même, je suis convaincu que non. La proximité que peuvent entretenir des francs-maçons entre eux, permet d'aider à l'aboutissement de causes nobles, profitables pour la société ; il ne s'agit pas uniquement d'histoires d'argent. De telles dérives peuvent constituer au maximum 5 ou 10 % des frères, absolument pas la grande majorité des francs-maçons, et j'ai la grande naïveté de penser que la franc-maçonnerie demeure une institution fondamentalement honnête et désintéressée.

Reste que mon initiation à la franc-maçonnerie, nouvelle découverte d'un monde qui, comme la politique, m'était étranger, constitue pour moi encore une déconvenue, encore une déception.

***

Après 1995, nous nous retrouvons très rapidement, à nouveau, dans un contexte d'élections : les Français sont appelés aux urnes une nouvelle fois pour les élections législatives de juin 1997. Darchicourt ne cache pas son appétit pour ce scrutin, il a envie de devenir député, de reprendre le mandat de son père et de régler ses comptes avec Facon.

Tandis que Darchicourt s'entoure d'une collaboratrice de cabinet, Claire Bracquart, qu'il nommera ensuite à son cabinet à la présidence du district d'Hénin-Carvin, et tandis qu'ils vont devenir très proches, je m'éloigne progressivement d'un contexte malsain, affairiste et alcoolisé.

Pour les élections législatives, Darchicourt n'obtient pas l'investiture. Facon, qui avait dirigé la circonscription de 1988 à 1993, est le candidat désigné, avec comme suppléant Darchicourt, maire de la principale ville de la circonscription. C'est un beau ticket, mais Darchicourt ne cache pas son mécontentement et ne fait rien pour le soutenir. Je me rapproche d'Albert Facon, qui ne peut pas faire campagne sans Hénin.

Albert Facon est un bon vivant, qui aime la nature, le terroir ; un chasseur. Un visage aux traits marqués, brut, une grosse voix, un homme un peu grognon mais qui apprécie aussi l'humour. Un homme de la terre.

Nous travaillons ensemble, nous préparons les tracts à deux. Il me reçoit chez lui à plusieurs reprises, j'apprécie son caractère humain, il coupe des fleurs dans son jardin pour ma compagne... Pour moi, c'est tout naturel : je pense servir mon parti, en bon petit soldat socialiste, sans arrière-pensée. Aider le candidat du PS pour l'aider à reconquérir sa députation, c'est la consigne de Kucheida, Boczkowski, etc. : l'objectif est de faire battre Urbaniak, de soutenir le candidat du PS face à la droite (même si Urbaniak est sans étiquette). Mais Darchicourt n'est pas du tout sur cette ligne, il considère que c'est lui, et non pas Facon, qui doit représenter le parti. Mon implication dans la campagne de Facon ne plaît pas à mon employeur, qui a eu vent que je suis passé d'un soutien public à un soutien affiché, et m'en fait le reproche. Facon est réélu.

L'année 1998 est difficile. J'ai la chance d'être papa d'Antoine, et se pose très vite la question à laquelle sont confrontés tous les parents : comment le faire garder ? Il n'y a pas (encore) de crèche à Hénin, mais il en existe une à Courrières, tout près de chez moi. Je vais donc voir le maire de Courrières, Albert Facon, qui me trouve une place en crèche pour mon fils. Mais, un jour, Darchicourt m'appelle dans son bureau : il me reproche d'être souvent à Courrières, de voir Facon en cachette. « Oui, reconnais-je, je suis souvent à Courrières, et pour cause : matin et soir, nous allons à la crèche pour amener notre bébé et le reprendre. » Mais Darchicourt est buté, il m'accuse de comploter contre lui.

Je démissionne du cabinet de Darchicourt en 1999. Je n'en peux plus, il me met la pression sans arrêt, on en est arrivé au harcèlement, sa dépendance à la boisson dépasse les limites... Les difficultés politiques qui existaient en 1995 sont toujours là, et Darchicourt s'isole, continue à décliner. On est passé de l'utilisation d'emplois fictifs et de la distribution d'enveloppes à un système affairiste, illégal, installé. En quittant Hénin-Beaumont, je

Petits arrangements entre amis

pense à ce moment couper définitivement les ponts avec ce système où le coffre se remplit, où les élus et les patrons s'arrangent, où les entreprises financent le parti, la section locale, et même construisent la maison du maire et aménagent son appartement sur la côte. Je pense pouvoir échapper à un contexte de politique malsaine et nauséabonde. Darchicourt et moi, on se quitte fâchés.

Le jour où j'écris ma lettre de démission dans mon bureau, j'appelle Facon et lui explique mes motivations. J'appelle aussi Bertrand Louchart, le directeur de cabinet de Roland Huguet, président du conseil général du Pas-de-Calais, pour les informer de ma démission. Quand je quitte la mairie, je pars sans être assuré d'avoir un poste ensuite.

Je vais recevoir deux propositions. D'un côté, je suis sollicité par Jean-Marie Picque, conseiller général, maire de Montigny-en-Gohelle, qui me propose le poste de directeur de cabinet. Il me reçoit d'abord dans son bureau à Montigny, puis une seconde fois chez lui, avec son épouse. Le poste est intéressant, et la proximité d'Hénin-Beaumont constitue un avantage indéniable, mais Darchicourt va faire pression sur Picque, qui devra très rapidement abandonner l'idée.

Par ailleurs, je reçois, peu de temps après ma démission, un coup de fil de Kucheida, qui me demande de venir le voir à Liévin. Facon lui a téléphoné, me dit-il, Percheron lui a demandé de me rencontrer : « On ne peut pas laisser un camarade comme ça, tu as toujours fait un bon boulot, pour le parti, pour Pierre... Viens me voir. »

La stratégie de 2001 commence à se mettre en place.

Chapitre III
La découverte de la Kucheidie

On est en 1999. Je suis reçu par Jean-Pierre Kucheida dans son bureau de l'hôtel de ville de Liévin. Pour beaucoup d'habitants du bassin minier, Kucheida, c'est « JPK », à l'américaine – au PS, on a l'habitude des initiales triples, on s'en souviendra avec DSK –, c'est ainsi que l'appellent les services municipaux, les collaborateurs, les entrepreneurs... Pour nous, les élus, les proches, c'est « Kuche ».

Kuche, donc, me dit : « J'ai un poste à te proposer, un poste de collaborateur, plus précisément de conseiller technique au Conseil supérieur de l'électricité et du gaz, à Paris, boulevard Haussmann. Cela nous permettrait de travailler ensemble, tu t'occuperais des dossiers techniques en lien avec le ministère de l'Industrie et avec EDF. Sur le plan pratique, tu serais installé à la petite maison. »

La « petite maison », c'est une maison louée par la ville de Liévin à la Soginorpa, qui se situe juste à côté de l'hôtel de ville, où Kucheida logeait ses collaborateurs : ses assistants parlementaires, les collaborateurs de l'Association des communes minières de France (ACOM France), ceux qui travaillent au CSEG – dont les bureaux sont à Paris.

Qu'est-ce que le CSEG ? C'est un organisme créé après la Seconde Guerre mondiale, en 1946, dans le contexte de la nationalisation du gaz et de l'électricité et de la reconstruction du pays, afin de faire le lien entre EDF et GDF, entreprises désormais publiques, les concessionnaires dans les régions, les fédérations d'énergie, et l'État, pour assurer l'approvisionnement de tout le pays en électricité et en gaz. Il a aujourd'hui un rôle arbitral et consultatif, notamment sur les projets réglementaires émanant de l'État qui intéressent les secteurs de l'électricité et du gaz ; c'est une instance de concertation.

Cette fonction m'amène à connaître les dossiers des communes minières du Pas-de-Calais et de toute la France ; j'ai aussi travaillé sur la directive européenne d'ouverture à la concurrence des marchés du gaz et de l'électricité.

À Liévin, je prends conscience de l'étendue considérable du pouvoir de JPK, pouvoir de décision et pouvoir d'influence. Le « roi de Liévin » se

La découverte de la Kucheidie

trouve à la tête d'une commune de plus de 30 000 habitants et d'une agglomération de 36 communes et 250 000 habitants. Il est respecté au sein du PS, réputé pour la manière dont il a pu donner une assise électorale et militante au PS, et dont il a pu asseoir le socialisme au cœur du bassin minier, disputant de plus en plus au PC ses bastions, devenus résiduels. La section de Liévin est régulièrement citée en exemple rue de Solferino : avec quelque 1 200 cartes pour 32 000 habitants, elle est la première de France !

Kucheida, c'est le patron du bassin minier. Un petit bonhomme trapu, barbu – on croirait un bûcheron. Ses traits du visage assez forts lui donnent une allure brutale, que confirme son caractère plutôt hargneux. Né à Liévin, fils et petit-fils de mineurs, il cite à l'envi son ascendance de mineurs, avec un père et un grand-père touchés par la silicose ; depuis la fenêtre de son bureau, dans la mairie de Liévin installée dans les anciens bureaux des Houillères, il ne se prive jamais de rappeler qu'en face de lui se dresse le chevalement du puits 3 *bis* de l'ancienne Société des Mines de Lens, théâtre d'un drame le 27 décembre 1974, où 42 hommes avaient laissé leur vie dans la fosse ; la ville de Liévin a décidé de conserver la structure en mémoire de la plus meurtrière des catastrophes de l'après-guerre, la dernière en date dans le Bassin du Nord-Pas-de-

Calais. La réussite de Kucheida prend la forme d'une revanche. « Le Jaurès du bassin minier ».

Tout remonte à 1981, quand il succède au maire de Liévin, Henri Darras, à la tête de la ville depuis 1952, qui meurt brutalement, victime d'une crise cardiaque ; étant son suppléant à l'Assemblée nationale, il devient en même temps le député de la 12e circonscription du Pas-de-Calais. Il siège aussi, de 1982 à 1988, au conseil général du Pas-de-Calais. Depuis 1981, il est constamment réélu maire ; à Liévin, les électeurs n'ont jamais à retourner au bureau de vote pour un deuxième tour. Aux municipales de 2008 encore, la liste qu'il conduira recueillera au premier tour près de 75 % des voix, un score digne des démocraties populaires.

Omniprésent sur le terrain politique, à Hénin-Beaumont et ailleurs dans le bassin minier, Kucheida met en coupe réglée tout le monde politico-économique autour de Liévin, et même tire les ficelles du PS du Pas-de-Calais. Officieux patron des socialistes du département, avec Percheron il dirige tout et tout le monde.

Progressivement, je fais connaissance avec les principaux protagonistes du « système Kucheida ». Il y a d'abord Robert Dupayage, ancien directeur des services techniques de Kucheida à la mairie, qui possède un bureau à la « petite maison ». Deux entrepreneurs du bâtiment jouent un rôle clé. L'un,

Patrice Chrétien, est le PDG de la société EBTM à Harnes, une entreprise de maçonnerie et de gros œuvre. L'autre, Bernard Fourdrinier, qui habite à Oignies, est le PDG de l'entreprise qui porte son nom, installée à Courrières (charpente, toiture, couverture). À peine avons-nous fait connaissance que tous les deux me proposent de m'aider pour ma campagne à Hénin-Beaumont, « au cas où » je me présenterais : ils m'expliquent qu'ils sont disponibles pour m'apporter un soutien financier. Disponibles, effectivement, ils le sont ! Je vais découvrir qu'ils sont toujours disposés à répondre aux sollicitations de JPK, par exemple pour effectuer des travaux dans sa maison personnelle. Robert Dupayage, qui est à la retraite, a du temps libre ; il est de tous les chantiers dans la maison de JPK, tandis que Chrétien et Fourdrinier font travailler les équipes de leur entreprise ou, en cas de besoin, sollicitent des sous-traitants, pour répondre dans la minute aux sollicitations du prince. Ces gens-là se voient le matin, on tient la réunion de chantier, on prend un café, puis on va travailler dans la maison du maire.

Je rencontre également d'autres entreprises du bâtiment, que je retrouverai plus tard comme attributaires d'appels d'offres, à la mairie de Liévin ou à la Soginorpa, ou comme financeurs du parti. C'est le cas, par exemple, de Jean Magnaval, le patron de

Fayat, une entreprise d'électricité (Satelec) – qui d'ailleurs vient d'être mis à la retraite le 31 décembre 2011, comme si l'entreprise tentait de se protéger...

Au fur et à mesure, ce sont tous les proches du député-maire qui me deviennent familiers. Je fais connaissance avec le milieu de la Kucheidie : Laurent Duporge, son directeur de cabinet à la mairie de Liévin et son « dauphin » ; Patrick Pique, un ami d'enfance de JPK, directeur général de l'AHNAC (l'Association hospitalière Nord-Artois Cliniques), dont le siège est à Hénin-Beaumont, que Kucheida a fondée et dont il est justement membre du conseil d'administration.

Me voilà, à Liévin, comme à Hénin-Beaumont, confronté au même système, rencontrant les mêmes courtisans ou fous du roi qui courent autour de lui pour répondre à ses sollicitations, politiques ou personnelles.

Le principe de fonctionnement du système JPK est le même : on retrouve la confusion entre l'intérêt personnel et l'intérêt général, le comportement servile des entrepreneurs qui cèdent à tous les caprices – réaliser des travaux dans la maison personnelle, payer les déplacements pour aller voir des matches de football ou de rugby, tantôt au stade de France, tantôt en Angleterre ou en Irlande... Effectivement, dès que JPK entend parler d'un

La découverte de la Kucheidie

match intéressant, aussitôt il demande à Patrice Chrétien ou à Bernard Fourdrinier de réserver des places et, si le déplacement est plus long, de payer aussi l'hôtel. Et tout cela, en échange des marchés accordés de manière discrétionnaire par Kucheida. Rien n'échappe à EBTM et Fourdrinier de ce qui se construit, se rénove ou s'entretient à Liévin et alentour : ils ont la main sur tous les marchés de la mairie de Liévin, d'Artois Développement, de la Soginorpa. Et, non contents de se gaver ainsi, ils ajoutent aussi les surfacturations... Histoire de mettre du beurre dans les épinards, sûrement !

Évidemment, tout cela ne peut pas rester complètement et indéfiniment secret, et cela fait des années que des rumeurs poisseuses circulent autour de JPK, que des accusations plus ou moins voilées sont formulées sur son train de vie et la gestion des structures qui gravitent autour de lui. En 1999, Kucheida a été mis en examen pour prise illégale d'intérêts et complicité d'abus de confiance pour la vente à son fils d'une maison minière à un prix très bas, alors qu'il présidait la Sacomi (Société pour l'aménagement des communes minières), de 1992 à 1996. Détail piquant, l'officier de police judiciaire qui avait interrogé le patron tout-puissant du bassin minier lors de sa mise en examen, est le même qui, aujourd'hui, mène l'enquête qui a été ouverte au sujet de JPK.

La Soginorpa suscite les interrogations les plus graves. Cette société privée, qui a le statut d'une SAS (société par action simplifiée), créée en 1986 par Charbonnages de France, gère aujourd'hui un parc de 62 000 logements, issus des compagnies minières des Houillères du Nord-Pas-de-Calais. Premier bailleur social de la région, employant 900 salariés, la Soginorpa gère un pactole d'au moins 2,4 milliards d'euros, rien que cela... Avec la disparition des Houillères, la Soginorpa a hérité de cet important patrimoine immobilier quand Charbonnages de France a disparu du paysage, et s'est retrouvée gestionnaire des logements miniers. Il s'agit essentiellement de maisons individuelles avec un petit bout de terrain dans des cités-jardins, réparties dans l'ensemble du bassin minier, de Valenciennes jusqu'à Bruay-la-Buissière à l'ouest. À sa création, elle est une société civile immobilière, filiale des Houillères, puis ses statuts évoluent. Elle a désormais un statut de bailleur privé, elle peut emprunter et bénéficier des aides à la construction HLM, ayant acquis Accecura, un organisme HLM cédé par Coopartois (groupe Habitat 62). Surtout, il n'est pas anodin de noter que la Soginorpa appartient désormais à un établissement public à caractère industriel et commercial : la totalité des actions de la Soginorpa est détenue par Épinorpa, l'Établissement public régional Nord-Pas-de-

Calais, contrôlé par la région présidée par Daniel Percheron.

Le directeur général de la Soginorpa, de 1992 à 1997, puis de nouveau à partir de 2005, est Dominique Deprez. Il a été entre-temps le directeur général des services techniques de la communauté urbaine de Dunkerque-Littoral, et Luc Legras l'a remplacé à la Soginorpa. Luc Legras a également été directeur général de Pas-de-Calais Habitat, l'OPAC du Pas-de-Calais, qui gère plus de 35 000 logements, présidé par Michel Vancaille, le beau-père de François Lemaire, le président d'Adévia... Tout ce petit monde se connaît bien ; pourquoi voudriez-vous que l'un d'eux se mette à parler ?

La Soginorpa gère les logements miniers de toute la région Nord-Pas-de-Calais, les entretient et les fait rénover par des entreprises qu'elle choisit elle-même. Compte tenu du grand nombre de logements qu'elle a en gestion, compte tenu aussi des importants chantiers qu'elle met en œuvre, qu'il s'agisse de construction, de rénovation ou d'entretien, on comprend bien que, pour des entrepreneurs en bâtiment, il y a de l'argent à faire... Ils construisent et, quand il n'y a pas de gros chantier de construction, ils entretiennent. Dans les petites maisons des houillères, on s'étonne parfois de constater que les travaux d'entretien traînent en longueur : c'est que les entreprises se consacrent à l'entretien quand elles n'ont pas d'autres chantiers plus lucratifs ailleurs.

La Soginorpa n'est pas seulement un tiroir-caisse pour JPK, une machine à marchés lucratifs pour les entreprises du bâtiment, c'est aussi un distributeur d'emplois fictifs pour récompenser les copains et s'assurer de leur silence et de leur soumission.

Un exemple de ces emplois fictifs ? La femme de Patrick Pique, l'ami d'enfance de Kucheida, Véronique, a travaillé pendant une période à la Soginorpa comme secrétaire ou collaboratrice auprès du président, on ne sait pas trop : un emploi à mi-temps, rémunéré 1 000 euros net par mois, avec à la clé des avantages en nature, téléphone portable et indemnités kilométriques.

Un autre exemple ? La femme de Dominique Deprez, le directeur général de la Soginorpa, est soi-disant l'assistante parlementaire de JPK : j'ai dû la croiser tout au plus une fois dans ma vie, un jour où elle avait dû venir signer un rapport. On comprend bien comment tout cela fonctionne : le député donne un emploi et un salaire (bien réel, lui) à l'épouse du directeur général qui, par ses fonctions, a pour rôle d'organiser les appels d'offres et de superviser les comptes de la Soginorpa... Donc, tout le monde se tient. Cela me rappelle la SAEMIC, dont la comptable était la femme du directeur général, Pichereau : les marchés sont réglés en famille.

La Soginorpa rémunère aussi des sympathisants politiques, généreusement payés, des personnes qui travaillent en fait à la mairie de Liévin.

Enfin, *last but not least*, la Soginorpa constitue un fournisseur de prébendes, puisqu'elle attribue à qui elle veut des logements, des maisons individuelles très prisées dans le bassin minier. Le clientélisme, c'est le maillon qui permet de compléter la chaîne du système Kucheida : l'attribution d'avantages divers est essentielle, elle permet de tenir les électeurs, la famille, les enfants... Et, compte tenu du parc immobilier de la Soginorpa, plus de 60 000 logements, cela permet de s'attacher les faveurs de bon nombre de familles...

Ce que je dénonce ici a pour une bonne part été confirmé par les investigations des juridictions financières. La Soginorpa a fait l'objet de deux rapports de la Chambre régionale des comptes, en septembre 2010 (sur la gestion des années 2002 à 2009) et juillet 2011, et les magistrats ont rendu un verdict accablant, qu'il s'agisse de la réhabilitation des logements miniers, de l'attribution des marchés ou de la situation financière de la société. Ainsi, en matière de réhabilitation, la Soginorpa atteint « à peine 20 % des objectifs fixés ces dernières années » pour la rénovation des logements miniers et « les coûts de réhabilitation ont plus que doublé par rapport aux objectifs depuis 2002 » : une situation jugée « préoccupante ». Aussi l'échéance de la rénovation du parc Soginorpa a-t-elle été repoussée à plusieurs reprises ; à ce rythme, la CRC considère que le programme de réhabilitation du parc de logements miniers, initialement prévu pour 2012, sera « repoussé au mieux à 2019 ». Des retards « considérables » ont également été pris dans les programmes de construction de logements de remplacement pour ceux qui sont détruits.

La CRC critique aussi les pratiques de la Soginorpa concernant les procédures d'achats et les modalités de choix des prestataires. La société, constate la CRC, « ne parvient pas à susciter une concurrence vertueuse et efficace pour la maîtrise de ses coûts ». Quant à l'attribution des marchés, des « entraves aux principes d'égalité de traitement des candidats et de transparence des procédures » existent, qui nécessitent que les procédures de mise en concurrence soient « réformées ». Les modifications opérées en 2010 n'ont pas empêché que subsistent « de nombreux dysfonctionnements ». Enfin, la situation financière de la Soginorpa est jugée, là encore, « préoccupante ».

Une interrogation majeure porte notamment sur l'utilisation qui a été faite par la Soginorpa des aides publiques versées par l'ANAH, l'Agence nationale de l'habitat. Dans le cadre d'une convention tripartite signée entre la Soginorpa, l'État et l'ANAH en 2002, puis en 2007, l'organisme du Pas-de-Calais a reçu 154 millions d'euros de subventions publiques pour contribuer au financement de la rénovation du parc immobilier minier. Ainsi l'ANAH s'est-elle engagée à prendre en charge 20 % du coût des réhabilitations, en échange d'engagements sur le nombre de logements à rénover et le coût de ces rénovations. Or la CRC a constaté que la Soginorpa n'a pas respecté ses engagements, ni en nombre ni en coût ; seule une moitié des travaux prévus aurait été effectuée, tandis que les dons publics doivent normalement être versés après la réalisation des travaux. Une enquête a d'ailleurs été demandée par le secrétariat d'État au Logement sur l'utilisation de ces 154 millions d'euros. Les conclusions en sont attendues avec impatience !

Par conséquent, une enquête impartiale menée par des magistrats financiers impartiaux a conclu à un fonctionnement qui ne respecte pas les règles de la concurrence. La Soginorpa ne gère pas de manière satisfaisante l'argent public et fait travailler quelques entrepreneurs qui ne proposent pas les meilleurs prix et les choisit loin des règles normales d'attribution des marchés publics.

La CRC a également épinglé les comptes de l'Épinorpa à deux reprises, en septembre 2010 puis juillet 2011. La Soginorpa, détenue depuis sa création par Charbonnages de France, a été rachetée en 2002 par Épinorpa, établissement public de gestion immobilière du Pas-de-Calais créé à cet effet par la loi Solidarité et renouvellement urbain (SRU) de 2000. Épinorpa, présidé par Jean-Pierre Kucheida, a donc racheté la totalité des actions de la Soginorpa. Pour réaliser cette opération, l'établissement public a contracté un emprunt obligataire de 458 millions d'euros, dont le remboursement est conditionné au versement par la Soginorpa de dividendes suffisants et à l'existence d'importantes liquidités. Or, à ce jour, les réserves et les dividendes susceptibles d'être distribués par Soginorpa à son actionnaire unique Épinorpa étaient encore insuffisants au 31 décembre 2009, à hauteur de 260 millions d'euros. De quoi soulever « des interrogations » et nécessiter de « redéfinir les modalités de réalisation de ce remboursement ». Pour les magistrats de la CRC, « les comptes produits par Épinorpa auraient été fiables et sincères s'ils avaient fait apparaître les provisions pour risques », d'autant que celles-ci ont été déclarées fiscalement et ont amené l'État à rembourser une créance de 50 millions d'euros à Épinorpa. De ce fait, Épinorpa s'est retrouvé avec une trésorerie excédentaire et a décidé en juin 2009 d'accorder une subvention de 25,5 millions à Soginorpa. Celle-ci, grâce à cette opération intéressante, a pu

La découverte de la Kucheidie

afficher ainsi un résultat comptable positif de plus de 328 000 euros : cette subvention a permis d'éviter que les comptes de la Soginorpa ne soient déficitaires. Elle pourrait être assimilée à une aide publique économique, contraire à la réglementation européenne, et par conséquent remboursable.

On peut logiquement se demander pourquoi la Soginorpa, qui n'avait pas de problèmes de gestion et n'était pas déficitaire quand les Houillères géraient les logements miniers, se retrouve en déficit quand c'est le maire de Liévin qui la préside.

Ces écarts de gestion ont évidemment inquiété le personnel de la Soginorpa. Le syndicat CFDT a ainsi demandé à un cabinet d'expertise comptable de Côte-d'Or d'étudier les comptes. Cet audit confirme l'existence d'anomalies de gestion, en relevant notamment des cessions de terrains et de bâtiments « réalisées à l'euro symbolique au profit de collectivités », jusqu'en 2008, ce qui, note le cabinet, « est susceptible de constituer un abus de bien social, s'agissant d'une société de droit privé ».

La conclusion du rapport rédigé par le cabinet privé est édifiante : la gestion de la Soginorpa a été « concentrée par peu de personnes avec une volonté affichée de masquer les pertes », que l'audit estime à au moins 173 millions d'euros. Quant à savoir où part tout cet argent, beaucoup ont une petite idée sur la question. Claude Buquet, par exemple, ancien mineur, syndicaliste CFDT, qui siège au comité central d'entreprise de la société. Il déclarait en décembre dernier : « La Soginorpa est une vache à lait qui sert dans tous les domaines. Il y a l'embauche de sympathisants politiques payés à des tarifs astronomiques, pas loin de 200 000 euros par an. Il y a des emplois fictifs, des gens rétribués par la Soginorpa et qui travaillent en fait à la mairie de Liévin. Des salariés qu'on ne trouve jamais, qui sont recyclés à la Soginorpa en attendant des jours meilleurs. » Le syndicaliste redoute que la Soginorpa, avec ses 900 salariés, « n'aille dans le mur bien plus vite qu'on ne le pense » (*Les Inrockuptibles*, 11 décembre 2011).

On le sait bien, où s'envole l'argent du logement minier et d'où vient cette « volonté affichée de masquer les pertes ». Regardez du côté du PS, de Liévin... Au reste, je ne suis pas le seul à le penser. Par exemple, sur le site lepoint.fr, on peut lire à la signature de Jean-Michel Décugis, Christophe Labbé et Aziz Zemouri que la Soginorpa est « l'une des deux vaches à lait du PS local avec la société d'économie mixte Adévia » (14 décembre 2011).

Évidemment, tout cela se sait depuis longtemps, et est resté secret ; aucun des administrateurs n'a protesté ni ne s'est manifesté. Ce mutisme peut sembler étonnant aujourd'hui mais, quand tout va bien, quand le système fonctionne, les gens se taisent. Ceux qui en tirent un profit, même mince, ont tout intérêt à tenir leur langue, pour laisser perdurer le système et continuer à en bénéficier. La comptabilité de la Soginorpa peut d'autant plus continuer à présenter des irrégularités que la loi n'impose à un tel organisme aucun audit externe en temps réel, comme dans toute société.

Ainsi le système est-il complet : d'un côté, un réseau d'entrepreneurs amis, particulièrement généreux avec l'argent de leur société, et qui sont redevables à certains élus, pour lesquels ils sont prêts à financer leurs projets ou à apporter des fonds à leur parti ; de l'autre, un réseau de clientèle électorale que l'on se ménage par l'octroi d'avantages, logements, emplois, stages...

Or, Kucheida, président de l'Épinorpa, actionnaire de la Soginorpa, « contrôle » ainsi la Soginorpa, sans la présider ni la diriger. Cela lui permet notamment d'avoir une carte bleue sur le compte de la Soginorpa, une carte qui ne dort pas dans son portefeuille, car il s'en sert souvent pour payer ses propres dépenses.

Ah, les cartes bleues de Kucheida... on pourrait écrire un chapitre entier sur le sujet ! C'est une histoire connue de tout le monde dans le bassin minier : JPK a toujours eu l'habitude d'avoir dans son portefeuille un bel échantillonnage de cartes bleues, celle de la Soginorpa, celle d'Adévia...

Partout où je l'ai accompagné, je l'ai vu sortir ses multiples cartes bleues, un coup celle de la Soginorpa, un coup celle d'Adévia... Je ne sais même pas s'il en a une en propre ! Mais, la plupart du temps, il n'en sort aucune, car il y a très souvent quelqu'un à côté de lui pour lui servir de chéquier vivant. Le député-maire de Liévin goûte régulièrement à la cuisine de Marc Meurin, le seul chef deux étoiles du Nord-Pas-de-Calais, qui s'est installé d'abord à Béthune, puis aujourd'hui à Busnes, près de Béthune, au Château de Beaulieu. Et le montant des additions de JPK est à la hauteur de la réputation de la table... Meurin est d'ailleurs, tiens tiens, le cousin de Kucheida – tant qu'à faire, autant rester en famille ; on ne s'en cache d'ailleurs pas.

Ces faits sont bien connus, et la presse les a largement évoqués dans ses colonnes. Ainsi lepoint.fr, par exemple, le 7 décembre 2011, évoque-t-il « les étranges dépenses d'un baron du PS », qui a « l'habitude de faire « chauffer » sa carte professionnelle ».

La direction des affaires financières de la Soginorpa a récapitulé pour 2007 plus de 9 300 euros de dépenses personnelles de JPK, dont plus de 1 200 non justifiées, et pour 2008 plus de 9 600 euros, dont plus de 1 300 non justifiées. Le contenu de ces dépenses, réglées par la « carte affaires » de Kucheida, constitue un véritable inven-

La découverte de la Kucheidie

taire à la Prévert, qui nous emmène bien loin des attributions de la Soginorpa : des dépenses payées aux Émirats arabes unis, en Corse, en Turquie, à Toulouse, à Annecy, à Malte…, de nombreuses factures de parking dans des aéroports parisiens, surtout des notes de restaurants très salées. Le député-maire de Liévin aime voyager, il aime utiliser sa carte bleue à l'étranger, il aime fréquenter les bonnes tables des plus grands restaurants, notamment celui de Marc Veyrat à Annecy, et il aime le poisson. L'une des factures les plus cocasses concerne le restaurant La Rascasse de Saint-Florent, en Corse, le dimanche 27 mai 2007 : « 1,6 kg poisson du jour », pour un montant de 145 euros. Quelle mission de la Soginorpa peut justifier un repas au restaurant, bien loin du Pas-de-Calais, un dimanche de Pentecôte ? Quel voyage d'affaires peut bien justifier un séjour à Malte – ou alors l'île possède-t-elle une expertise dans la gestion des logements miniers des Houillères qui pourrait être utile à la Soginorpa ? J'ai beau chercher, je ne trouve guère de point commun entre le bassin minier et la Turquie… Est-ce une simple coïncidence que JPK fasse payer par la Soginorpa des repas pris en plein mois d'août au restaurant de Marc Veyrat à Veyrier-du-Lac, c'est-à-dire à une quarantaine de kilomètres de sa propre résidence secondaire, un chalet situé à Mercury ? Qu'est-ce que le président de l'Épinorpa peut bien négocier pour les anciens mineurs à Cancale ou à Malte ? Quel homme travailleur, qui même pendant ses vacances d'été œuvre pour la Soginorpa ! Les anciens mineurs, les enfants et les veuves de mineurs doivent être fiers de constater qu'on défend les logements miniers aux Émirats arabes unis ou à Malte...

Ces « écarts » ont même alerté un cadre de Soginorpa, un comptable, qui a adressé un courriel au directeur financier en décembre 2007 pour attirer son attention sur le montant des « dépenses non justifiées » de Kucheida : « J'attire votre attention sur le fait qu'il y a un solde non justifié de 1 532,91 euros à ce jour, que la fin de l'année se rapproche à grands pas et je pense avoir du mal à expliquer aux commissaires aux comptes cette non-justification, ainsi que les dépenses payées aux Émirats arabes unis et en Turquie » (lepoint.fr, 7 décembre 2011). De fait, pour plusieurs dépenses, la relation avec le domaine d'action d'un bailleur social tel que la Soginorpa semble difficile à établir, qu'il s'agisse du stationnement d'une semaine dans un aéroport parisien ou de l'achat d'1,6 kg de poisson en Corse.

Le même comptable s'étonne également d'une facture de plus de 5 000 euros, datant d'octobre 2005, correspondant à un buffet pour 100 personnes au restaurant le Cèdre bleu, géré par Jean-

Michel Bouche, par ailleurs chef d'entreprise de commerce de gros et l'un des principaux fournisseurs d'Hénin-Beaumont.

Tout aussi cocasse est la défense du député-maire, qui prétend qu'il a utilisé la carte bleue de la Soginorpa parce que c'était la seule qu'il lui restait, car les autres avaient été avalées ! Je ne sais pas dans quelle banque il détient un compte, mais je ne la conseille à personne, s'il faut attendre plusieurs années pour récupérer sa carte bleue... Et la carte de la Soginorpa doit être bien particulière pour ne jamais être avalée, elle ! Kucheida a rapidement changé de pied, cet argument n'étant finalement guère crédible : il a tout remboursé, dit-il.

On pourrait noircir encore des pages et des pages... Il y aurait aussi beaucoup à dire sur les voitures de Kucheida : la Soginorpa met à sa disposition une voiture de fonction, une Renault Laguna bleue, en leasing, alors que les habitants du bassin minier le voient la plupart du temps dans une Peugeot 306 ou dans une Toyota Prius. Qui donc conduit cette Laguna ? Et que penser du train de vie du député-maire de Liévin, manifestement incompatible avec le niveau de revenus que permet le montant des indemnités d'un maire et d'un député ? Nombreux sont, dans le bassin minier, ceux qui se souviennent que, dans les années 1990, il avait fait une fête pour célébrer son premier million de francs… Quant à son patrimoine, il se compose notamment d'un appartement parisien rue de Grenelle, acheté en 1989, et d'une résidence secondaire à Mercury, en Savoie…

Les révélations sur le train de vie du député-maire passent assez mal dans une ville comme Liévin, qui figure dans le peloton de tête des villes les plus pauvres du pays, en vingt-quatrième position dans une étude de l'INSEE en 2007. Bien plus, parmi l'ensemble des villes de plus de 20 000 habitants, le revenu fiscal de référence des Liévinois s'établit à peine à plus de 9 400 euros, c'est-à-dire le huitième le plus bas. 9 400 euros, c'est à peu près le montant des frais personnels de JPK à la Soginorpa en 2007 ou 2008…

À Liévin, un bon nombre d'habitants pensent, sans toujours oser le dire à voix haute, que cela fait des années que le « JPK » a perdu le sens de la réalité ; il est vraisemblable qu'il ait également perdu le sens de la distinction entre intérêt général et intérêt privé, entre fonds publics et portefeuille personnel.

Le clientélisme, qui nourrit un réseau de sympathisants politiques, de militants du PS – rappelons que Liévin est réputée pour être la ville de France qui compte le plus grand nombre d'adhérents socialistes –, de relations nouées dans la franc-maçonnerie, d'amis, se complète également par le favoritisme familial. La Chambre régionale des comptes a ainsi critiqué le fait qu'Adévia, dont papa Kucheida est administrateur, a conclu des marchés d'un montant important avec une société gérée par Frédéric, le fils Kucheida. La fille de JPK, Marine, a eu également la chance d'être recrutée au conseil régional, comme chargée de mission, pour un projet intitulé « Mineurs du monde » ; elle participe aussi à plusieurs publications de la Soginorpa de papa. On ne naît pas tous égaux.

***

L'autre atout maître dans la main de Kucheida, l'outil essentiel pour mener sa stratégie de contrôle de l'aménagement du bassin minier et pour alimenter le réseau de financement, c'est Adévia, la SEM de Liévin. Il la dirige de 1983 à 1991, il en devient ensuite le vice-président, puis l'un des administrateurs (il s'en est aujourd'hui retiré). Adévia s'est imposée comme l'un des interlocuteurs privilégiés des collectivités locales du département.

Principal aménageur du territoire dans le Pas-de-Calais, Adévia, créée en 1983, est la troisième société d'économie mixte de France après celles de Lyon et Nantes, avec pas moins de 115 agents et un chiffre d'affaires atteignant entre 40 et 50 millions d'euros. Après avoir cédé en 2002 son parc de logements sociaux, elle est devenue, comme la désigne la CRC, « l'outil d'aménagement et de construction de référence » de la partie centrale du bassin minier. Elle a ouvert son capital aux principaux bailleurs sociaux du département, l'activité de l'une et des autres s'inscrivant dans une démarche de complémentarité. Son activité a connu une importante croissance depuis 2002, accompagnant l'émergence des grandes intercommunalités de la région lensoise. Elle gère d'importants aménagements dans l'arrondissement de Lens, dont le plus ambitieux et le plus connu est celui du Louvre-Lens, ou encore la constitution du pôle d'excellence sportif de Liévin. Quand une ville ou le conseil régional veut construire un nouveau quartier, créer des lignes de tramway ou aménager une zone commerciale ou tertiaire, Adévia va se charger d'acheter les terrains et de choisir les entreprises.

Or la gestion de cette SEM est pour le moins irrégulière.

La Chambre régionale des comptes a épinglé Adévia pour sa gestion, dans un rapport publié en mai 2010. Elle relève une « explosion » de l'endettement (160 millions d'euros), des rémunérations exagérées pour les dirigeants et surtout « des irrégularités importantes » qui « ont affecté les principes de liberté d'accès à la commande publique, d'égalité de traitement des candidats et de transpa-

La découverte de la Kucheidie

rence des procédures ». Adévia fait appel à un nombre limité de prestataires d'études et de maîtrise d'œuvre, avec lesquels certains administrateurs d'Adévia entretiennent « des liens directs ou indirects ». Parmi ces partenaires privilégiés, la CRC cite un bureau d'études attributaire de plusieurs marchés importants, géré par... le fils de Jean-Pierre Kucheida lui-même, et une entreprise gérée par un administrateur de la SEM lui-même.

Comme à la Soginorpa, on retrouve toujours les entreprises sur les chantiers d'Adévia, comme par hasard : EBTM, Fourdrinier, Ramery Environnement (Matthieu Ramery, petit-fils de Michel Ramery), Ramery Bâtiment (Laurent Gibello, le fils de Romain, l'ami intime de Chopin), Ramery Travaux publics (Rodrigue Lescaillet, le gendre de Michel Ramery), SEMIT de Richard Zaczek, les Peintures du Nord d'Hervé Crème, Atris d'Éric Van Meir (téléphonie, bureautique)...

La CRC conteste également le choix des procédures retenues par Adévia pour acheter des terrains. Pour acquérir le foncier nécessaire à la réalisation de projets d'aménagement, elle choisit d'utiliser, plutôt que les contentieux (préemption, expropriation), les procédures amiables, qui se révèlent très coûteuses. Ainsi, relève la CRC, les prix d'acquisition amiable sont jusqu'à trente fois supérieurs aux estimations de France Domaine. Ces pratiques ont notamment été mises en œuvre lors de la réalisation d'une ZAC à Hénin-Beaumont, la Peupleraie 2. Cette convention, qui a fait l'objet de deux vices de forme, a d'ailleurs été annulée par le préfet du Pas-de-Calais en 2009, si bien qu'Adévia se retrouve propriétaire de 65 hectares, représentant un montant de plus de 16 millions d'euros, qui n'ont plus de destination précise, et « sans aucune certitude de pouvoir équilibrer le coût global de l'opération ».

La CRC pointe aussi une gouvernance « fermée ». De fait, on est proche de la consanguinité : en 2008, parmi les dix-huit membres du conseil d'administration d'Adévia, six étaient représentants ou administrateurs d'Épinorpa (dont Kucheida, son président) et deux étaient administrateurs de Pas-de-Calais Habitat (un office public de l'habitat dont le président, Michel Vancaille, est par ailleurs président de la communauté d'agglomération de Lens-Liévin).

Enfin, la CRC a relevé la grande générosité dont Adévia a fait preuve dans la rémunération de ses dirigeants. François Lemaire, par exemple, ancien PDG d'Adévia dans les années 2000, maire socialiste de Bully-les-Mines, a bénéficié d'une augmentation substantielle : son indemnité mensuelle est passée de 960 euros en 2003 à 4 200 euros en 2009, sans aucune délibération du conseil d'admi-

La découverte de la Kucheidie

nistration sur ce beau pécule. Des dirigeants qui profitent également de leur position pour aider leurs proches : le successeur de Lemaire, Michel Dagbert, maire socialiste de Barlin, a recruté comme chauffeur personnel... son frère, avant même d'avoir été nommé président et sans que la SEM ne procède à aucun appel à candidatures. La réaction de Dagbert, publiée par *Nord-Éclair* le 29 janvier 2011, est consternante de cynisme et d'hypocrisie : « L'opportunité s'est présentée, oui, je l'ai saisie. »

Le directeur d'Adévia, Bruno Fouquart, et le patron de l'entreprise EBTM, Patrice Chrétien, sont les deux chevilles ouvrières de la mobilisation d'Adévia au service du duopole Kucheida-Percheron. Fouquart va voir les élus qui ont des projets d'aménagement, leur promet des financements et des soutiens, voire davantage, puis la commune lance une consultation et – coïncidence heureuse – Adévia se voit attribuer l'aménagement. Quand un élu renâcle à vendre un terrain à Adévia, pas de problème, Patrice Chrétien intervient pour être intermédiaire au profit d'Adévia, il signe en son nom des promesses d'achat de terrains qu'il revend ensuite à la SEM. L'affaire est bien rodée...

Pour une SEM qui fait si peu de cas de la légalité et du Code des marchés publics, on ne peut que rire jaune quand on lit la devise d'Adévia : « Un mode d'intervention original au service de l'intérêt général ». Chez Adévia, on a une conception bien étrange de l'intérêt général.

Si l'on considère ensemble les trois rapports de la Chambre régionale des comptes sur Épinorpa, la Soginorpa et Adévia, force est de constater que des anomalies dans les appels d'offres sont monnaie courante dans les organismes du bassin minier… La Soginorpa et Adévia constituent deux outils clés du système régional de financement politique, du système de financement du PS, *via* Kucheida.

Cette conclusion ne constitue absolument pas une extrapolation de ma part, mais l'analyse des faits tels qu'ils sont. Plusieurs journalistes qui ont enquêté sur ces affaires en sont d'ailleurs arrivés à la même conviction. Je cite encore l'article du point.fr du 14 décembre 2011, signé par Jean-Michel Décugis, Christophe Labbé et Aziz Zemouri, « Jean-Pierre Kucheida a l'esprit de famille » : la Soginorpa et Adévia « ont été mises en cause par la Chambre régionale des comptes (CRC) et sont aujourd'hui dans le collimateur de la justice, qui soupçonne un financement illégal du Parti socialiste, dont Jean-Pierre Kucheida serait le chef d'orchestre. Un système qui favoriserait le clientélisme : sympathisants politiques, réseaux francs-maçons, amis en tout genre et famille. » Qu'ajouter de plus ?

La découverte de la Kucheidie

Dans le fond, une caractéristique de toutes ces affaires, c'est l'aplomb des élus concernés, qui confine au cynisme. Pris la main dans le pot de confiture, soit ils nient de manière éhontée, soit ils affirment qu'ils ne faisaient rien de grave, rien de mal. Les faits rapportés, dûment attestés par une instance indépendante et au sérieux reconnu comme l'est la Chambre régionale des comptes, sont pourtant sérieux, graves, et remettent en question la manière dont les élus se comportent s'agissant de fonds publics et d'intérêt général. Pourtant, à entendre leurs auteurs présumés, il n'y aurait pas de quoi s'indigner. J'ai fait embaucher mon frère, je fais travailler l'entreprise de mon fils, et alors ? Il n'y a pas de quoi fouetter un chat... Il n'y a pas mort d'homme, comme dirait l'autre. Une telle attitude revient à traiter avec légèreté la morale républicaine, et à faire peu de cas de la confiance que les électeurs mettent en ceux auxquels ils donnent leur voix.

L'AFP vient de révéler le rapport de la Chambre régionale des comptes sur le Syndicat mixte des transports (SMT). *La Voix du Nord* et *Nord-Éclair* confirment également cet étonnant rapport où la CRC démontre des frais engagés par dizaines de millions d'euros par le SMT au profit... d'Adévia (encore elle !), l'outil de JPK, dirigé par Fouquart et présidé par Dagbert, pour un marché global de

600 millions d'euros ! Adévia ne possède aucune compétence en matière de transport, il s'agit en effet de réaliser un tramway qui ne verra le jour qu'après 2014 ! Et ce en raison des municipales. Entre-temps, le SMT a embauché le beau-fils du maire actuel d'Hénin-Beaumont, M. Binaisse.

***

Comment se déroulent, concrètement, les attributions truquées des marchés d'appels d'offres ? Ce que j'ai vu quand j'étais le collaborateur de JPK, me sera ensuite confirmé quand je deviendrai maire et administrateur de l'Épinorpa et d'autres structures, et ces faits sont également écrits noir sur blanc dans les rapports de la Chambre régionale des comptes. Il est établi que seule une petite poignée d'entreprises, moins d'une vingtaine, se voit attribuer tous les marchés, qui se chiffrent à des centaines de millions d'euros, pour entretenir, rénover ou construire des milliers de logements. Ce sont toujours les mêmes entreprises qui réalisent les travaux à la mairie de Liévin, à la Soginorpa, à la SEM Artois Développement, à Adévia, mais encore à l'AHNAC. En effet, toutes les structures construites par l'AHNAC ont fait l'objet d'une maîtrise d'ouvrage déléguée à… Adévia. Et, là encore, on travaille en famille : le père de Patrick Pique, le

La découverte de la Kucheidie

directeur de l'AHNAC, est Arthur Pique, ancien secrétaire général de la mairie de Liévin. Quand Arthur Pique est parti en retraite, il a présidé la SEM Artois Développement, qui construisait la Polyclinique de Liévin. D'un côté, le père construit, de l'autre le fils décide. La ficelle est un peu grosse, mais ça passe...

Dans ce système, tous ceux qui ont dirigé ou contrôlé la SEM ont été impliqués, Kucheida, François Lemaire ou l'actuel directeur général Bruno Fouquart.

Glissons-nous, invisibles, dans une commission d'appels d'offres d'Adévia. Dans les appels d'offres, l'essentiel, c'est l'analyse technique. À l'ouverture des plis, commence ce qui ressemble à une vaste supercherie, une vraie comédie – y sont pourtant présents le receveur, la DGCCRF, tous les services possibles de l'État, des élus de la majorité et de l'opposition... À la différence des commissions d'appels d'offres municipales, les commissions des SEM sont moins réglementées, puisqu'elles sont mixtes : elles comprennent trois ou quatre administrateurs privés (entreprises) et trois ou quatre administrateurs publics.

En règle générale, le marché est préparé soigneusement avant la commission, et l'entreprise que l'on veut favoriser présente l'offre la moins chère, elle remportera donc le marché sans problème.

Mais si le marché a été mal préparé avant, l'ouverture des plis va constater que l'entreprise à laquelle on ne souhaite pas attribuer le marché est moins chère. On regarde les bordereaux, on note les prix. Par exemple, une entreprise propose un budget à 115 000, et celle qu'on veut avantager un budget à 130 000. On va alors confier l'analyse technique des offres au directeur général des services ou au directeur des services techniques : c'est le moyen de botter en touche. « On ne va quand même pas passer la journée à examiner le dossier technique de chaque entreprise, de toute façon on n'y connaît rien, ce n'est pas le rôle des élus... » On confie donc l'analyse technique à quelqu'un dont on sait qu'il est fidèle, dévoué, qui gagne bien sa vie grâce au maire, qui a obtenu un logement grâce à son intervention, dont peut-être la femme aussi a reçu quelque bénéfice, ou les enfants, etc.

C'est alors que l'entreprise plus chère va être transformée en entreprise mieux-disante. L'entreprise va fignoler son offre ; par exemple, on va dire qu'elle avait prévu dans son offre une assurance qui ne paraît pas nécessaire et qu'on retire donc du prix, ce qui réduit le montant de son offre. Autre astuce, le directeur général va attirer l'attention des membres de la commission d'appels d'offres sur le fait que cette entreprise présente un projet plus cher, certes, mais qu'elle pro-

La découverte de la Kucheidie

pose une variante (la construction d'un parking, une ouverture sur la rue, un accès handicapé à tous les étages...) ou encore qu'elle va embaucher sur son chantier cinquante personnes issues de la mission locale ou demandeurs d'emploi... C'est-à-dire qu'on utilise à plein les dispositions permises par la loi, qui permet de retenir le mieux-disant, la meilleure offre. Et le directeur général de conclure : certes, il y a une différence de 5 000 ou 10 000 euros, mais ce n'est rien par rapport au montant total du marché. Cette entreprise nous apporte donc un avantage non négligeable... Effectivement, cela valait vraiment la peine de faire l'analyse technique, bravo M. le directeur ! Et, autour de la table, l'accord est unanime : d'un côté, ceux qui étaient acquis ou sensibles aux arguments énoncés avec une telle sincérité sont soulagés, de l'autre côté, les représentants de l'État, chargés de vérifier la légalité de cette affaire, ne peuvent rien dire, puisque tout est conforme à ce que la loi permet. Tout est bien qui finit bien !

En amont, il existe également des arrangements entre entreprises, qui savent très bien qu'il ne sert à rien de répondre aux appels d'offres du bassin minier ou de la Soginorpa, puisque les marchés sont arrangés pour certaines entreprises soigneusement choisies. De temps en temps, évidemment, pour donner le change, d'autres entreprises sont retenues, pour l'exemple. Dès lors, les entreprises qui ne bénéficient pas du système Kucheida sont découragées – et vont répondre à d'autres appels d'offres, là où elles ont des arrangements.

***

La Chambre de commerce et d'industrie de Lens fournit d'autres exemples, tout aussi éloquents, de ces irrégularités.

On constate sur le terrain que les entreprises s'arrangent généralement entre elles pour obtenir les marchés de la CCI de Lens. Un exemple précis ? Le bâtiment tertiaire de la CCI, construit sur la plateforme multimodale Delta 3, d'une surface de 1 500 m², situé sur une zone de 300 hectares, aménagée à la fin des années 1990, qui recoupe les territoires des communes de Dourges, Oignics, Hénin-Beaumont et Ostricourt. La construction de ce bâtiment, en 2008, a été décidée par le président de la CCI, Édouard Magnaval. Le président et le vice-président de la Chambre souhaitent que le marché soit attribué à l'entreprise EBTM de Patrice Chrétien. Mais c'est une autre entreprise qui l'obtient, Ramery bâtiment, un autre acteur majeur du BTP dans le Nord-Pas-de-Calais. Que se passe-t-il alors ? Le plus simplement du monde, le vice-président de la CCI Jean-Marc Bouche organise une rencontre entre Laurent Gibello, le directeur de Ramery Bâtiment, et Patrice Chrétien, le patron d'EBTM, pour que ces deux messieurs s'arrangent : « Je souhaite que ce soit EBTM qui obtienne le chantier, alors vous vous mettez d'accord tous les deux, toi Laurent tu auras le marché une autre fois, ou vous vous arrangez entre vous sur un autre chantier. » Effectivement, EBTM a dû trouver un arrangement avec Ramery. Bien sûr, Jean-Marc Bouche touche au passage sa petite enveloppe de la part d'EBTM, autour de 5 000 ou 10 000 euros, sur un marché qui s'élève à environ 300 000 euros.

Le président de la CCI est Édouard Magnaval, directeur administratif et financier de Satelec, dont le siège est installé à Hénin-Beaumont. C'est aussi le frère de Jean Magnaval. Et que constate-t-on ? Que toutes les entreprises qui travaillent sur les chantiers lancés par la CCI de Lens sont celles qui soutenaient la liste de Magnaval quand il a fait campagne pour être élu président de la CCI. Étonnant, non ?

Petit retour en arrière. En 2005 a lieu l'élection pour renouveler le président de la CCI de Lens. Le président sortant, Gérard Linglart, est l'adjoint au maire de Lens, Guy Delcourt. Comptant bien rempiler pour un nouveau mandat, il monte sa liste, qui reçoit officiellement le soutien du maire de Lens. Sa candidature paraît incontestable. Or Édouard

Magnaval, entrepreneur à Hénin-Beaumont, président du club d'entreprises Hén'Industries, décide de monter une liste. C'est un homme dynamique, plein d'idées, bon communicant, connu et apprécié, dont le club de réflexion réunit une cinquantaine d'entrepreneurs et organise de nombreux événements, des réunions portant sur l'économie, l'environnement…, auxquels il invite toujours la presse. Bref, un club qui récolte un beau succès depuis plusieurs années, montrant l'exemple pour créer des liens entre les entreprises, les responsables politiques et les « décideurs », et promouvoir le monde économique. On ne promet à Magnaval guère d'espoir de victoire face au président sortant, qui est tout de même l'ancien adjoint au commerce d'André Delelis, qui a été ministre du commerce sous Mitterrand, sénateur-maire de Lens, excusez du peu, et… ennemi juré de JPK. On ne peut pas comprendre cette élection si on ne tient pas compte du rôle que Kucheida joue dans cette affaire, lui qui n'a jamais été nommé ministre et est maire d'une ville, Liévin, qui n'a pas la taille de Lens… Faire battre Linglart, c'est encore porter un coup contre Delelis.

Delcourt, le maire de Lens, de son côté, soutient publiquement le président de la CCI sortant, mais derrière cette façade il veut, lui aussi, se débarrasser de Linglart, qui est proche de Delelis. Car le torchon brûle entre Delcourt et Delelis. L'ancien maire de Lens, ancien ministre du Commerce, ne se prive pas pour critiquer la gestion de son successeur et fait paraître dans la presse des propos très hostiles. « Delcourt m'a trahi », « il n'a pas mérité de prendre ma succession », « il ne comprend pas les préoccupations des Lensois », « il n'a pas cette proximité que j'avais avec le RC Lens », etc. Le RC Lens est en effet bien plus qu'un stade de football, c'est un lieu politique à l'importance considérable, l'endroit où se rencontrent toutes les sociétés du bassin minier, les pauvres et les riches, les ouvriers et les cadres, les catholiques et les laïcs, la gauche et la droite, tous unis derrière le drapeau sang et or. Au passage, Delelis a été mis en examen en 1997 dans le dossier de la reconstruction du stade Bollaert pour « atteinte à la liberté d'accès et à l'égalité des marchés » ; il aurait favorisé une entreprise qui n'était pas la mieux-disante.

La liste de Magnaval contre Linglart est animée, soutenue par Kucheida, Facon et moi-même. Quelle est la stratégie de JPK ? C'est de faire en sorte que la CCI soit une nouvelle Soginorpa ou une nouvelle Adévia, c'est-à-dire un maillon supplémentaire, très utile, dans le système de financement occulte du bassin minier. Le rôle de la CCI est en effet crucial : elle a un rôle d'aménageur, elle décide des politiques de reconquête des industries houillères dans tel endroit, elle décide d'aménager une nouvelle zone, tertiaire, commerciale... Compte tenu des modalités d'organisation du système Kucheida, c'est évidemment un centre de décision très intéressant à contrôler. On retrouve pour soutenir Magnaval les mêmes entreprises qu'on connaît bien : Fourdrinier et EBTM, mais aussi la société d'Électricité générale de Dominique Housieaux à Lens ; Deberdt, de Jean-Marc Bouche, à Sallaumines (grossiste en matériaux de construction et appareils sanitaires) ; la SEMIT (menuiseries aluminium, serrurerie) de Richard Zaczek, à Dourges, qui participera par la suite, par exemple, à la construction du bâtiment psychiatrique de l'hôpital de Lens à la Grande Résidence ou au chantier de Maison + à Hénin-Beaumont... Ce sont les copains des copains qui constituent la liste de la CCI.

Un véritable rabattage est organisé auprès des entreprises, des PME-PMI : si officiellement la liste soutenue est celle de Linglart, en réalité il faut faire élire Magnaval, la CCI a besoin de sang neuf, il est temps de renouveler les équipes... Tous les arguments sont bons pour que le « bon cheval » de JPK soit élu. Le député-maire de Liévin met tout en œuvre pour faire élire le frère d'un de ses grands amis et chef d'entreprise qu'il connaît bien, Jean-Marc Bouche (Deberdt), qui deviendra vice-président de la CCI, chargé du commerce.

Puisque rien n'a été laissé au hasard, le résultat de l'élection est conforme aux souhaits des hommes forts du PS : Maganaval est élu, haut la main. La presse n'en revient pas. Regardant dans le rétroviseur aujourd'hui, on comprend évidemment mieux ce qui s'est passé, mais à l'époque l'opinion se dit : Linglart a été victime de l'usure du pouvoir, il a été mis au rancart par de jeunes entrepreneurs, dynamiques... Que nenni ! En réalité, le système continue à s'organiser et à se renforcer autour de JPK.

Aujourd'hui, on a peine à comprendre l'aveuglement des journalistes qui, de la presse locale à la presse économique nationale, sont éblouis et bernés par les déclarations du nouveau président. Ainsi lit-on dans *Les Échos* n° 19 581 du 11 janvier 2006 (Supplément régions « Douai-Lens : les hommes et les femmes qui font vivre les réseaux locaux ») : « L'industriel ose l'impensable en présentant une liste concurrente à celle de l'ancien président, Gérard Linglart, adjoint au maire de Lens, avec l'objectif affiché de faire prendre de la distance à l'institution par rapport à la sphère politique. Il emporte la totalité des sièges. Le nouveau président, qui dit jouer "franc jeu", se veut ouvert à tous les partenariats. Il va même entrer au capital d'Artois Développement, la SEM d'aménagement du territoire, et se dit prêt à renforcer les liens avec d'autres CCI afin de mutualiser les moyens. » Cynisme affiché de Magnaval, dont la liste a été animée et soutenue par JPK, qui déclare officiellement vouloir mettre davantage de distance entre la CCI et la politique ! Il ose même lancer une belle contradiction, que personne ne relève à l'époque, quand il se proclame « ouvert à tous les partenariats ». Des partenariats qu'il entend nouer pour commencer, affirme-t-il, avec... Artois Développement, la SEM de Kucheida. Comme par hasard.

Après l'élection de Magnaval, va pouvoir se mettre en place la CCI nouvelle version, qui va amplifier son action et renforcer sa vocation d'aménageur. Première application de la stratégie de Kucheida, Magnaval devient administrateur d'Adévia en tant que président de la CCI et, étape supplémentaire, la CCI entre au capital d'Adévia à l'occasion d'une augmentation de capital. Rien que de très normal là-dedans, dixit Kucheida : cela permet à Adévia d'asseoir son rôle prépondérant au sein du bassin minier et de faire face aux gros enjeux d'aménagement qui se présentent, dans l'objectif bien sûr d'assurer le bien-être des populations. Et la CCI, de son côté, affirme que son rôle est d'être aux côtés des élus et des aménageurs : nous on décide et vous, vous aménagez, on se doit d'être avec vous. Donc, tout va bien dans le meilleur des mondes. Magnaval, président de la CCI, dit : « Je pense qu'il faut aménager telle zone dans tel endroit », Adévia aménage, et hop ! tous les candélabres sont des candélabres de Satelec-Fayat... et dans une zone industrielle ou commerciale, il y en a beaucoup ! Par conséquent, le même homme participe à la décision d'aménagement, est présent au conseil d'administration et au capital de l'aménageur, et reçoit pour sa société le marché de fourniture des candélabres.

Les autres entreprises sont tout autant gâtées : les unes posent les fenêtres, réalisent les travaux de serrurerie, les autres font l'électricité, telles autres la plomberie et les sanitaires... Chacun va recevoir son lot, petit ou grand, à cette tombola des marchés de la CCI, et tout le monde va s'y retrouver. Les élus consulaires qui ont constitué la liste, fidèles soutiens, deviennent attributaires des marchés d'Adévia, en remerciement de la nation reconnaissante.

Et à chaque fois, en plus d'avoir le marché, les entreprises y gagnent aussi par le moyen des surfacturations.

Tout cela prend des dimensions considérables, car les marchés se chiffrent au total en centaines de millions d'euros : des zones industrielles ou commerciales, des bâtiments... Construire un immeuble, c'est déjà un beau chantier, mais là il s'agit de dizaines de bâtiments, de zones entières à équiper, aménager, construire – voirie, candélabres, routes, accès, immeubles, des kilomètres de câbles électriques, des centaines de fenêtres.

***

On comprend bien comment, peu à peu, le système JPK, partant de la SEM de Liévin, a fusionné plusieurs SEM pour fonder Adévia, puis s'y est ajoutée la Soginorpa, ensuite la CCI. Le schéma de financement occulte qui existe dans le bassin minier s'est mis en place à travers le réseau tissé par trois hommes depuis plusieurs décennies : Kucheida, Percheron et Mellick.

Si l'on prend du recul, on comprend bien qu'il y a ici deux dimensions : d'une part un vaste système de financement occulte, avec des marchés attribués de manière irrégulière et des flux d'argent particulièrement opaques, que plusieurs rapports de la Chambre régionale des comptes et de différents experts ont mis en évidence avec clarté, à destination de la fédération du PS, et d'autre part un comportement personnel pour le moins trouble, qui donne à penser à une utilisation privée et irrégulière de l'argent public.

Dans le bassin minier, si le PS s'occupe beaucoup de ces circuits parallèles de financement, il fait aussi un peu de politique – suffisamment pour asseoir plus sûrement son pouvoir. La conquête d'Hénin-Beaumont aux prochaines élections municipales, en 2001, en constitue un élément clé.

Chapitre IV
Maire d'Hénin-Beaumont, sous le regard de Jaurès

À la fin des années 1990, Kucheida et Percheron s'intéressent de près à Hénin-Beaumont : ils sont convaincus que Darchicourt est fini, qu'il va perdre les élections municipales de 2001. Pour autant, ils se couvrent au cas où, chose inattendue, il serait réélu, en le soutenant officiellement – c'est le maire sortant, une vieille figure du socialisme local, le président du district, vice-président du conseil régional... Il va dans le mur, sûrement, mais les deux barons du PS le soutiennent jusqu'au mur pour être sûrs qu'il s'écrase bien dans le mur... Quant à moi, on se dit bien que je vais me porter candidat contre le « mauvais » maire, on m'encourage même à l'être, on surveille ma liste, on porte un œil attentif à ma campagne. Mes premiers soutiens, fidèles, sont sans surprise deux entrepreneurs : EBTM et Fourdrinier me proposent leur aide précieuse en espèces. C'est le circuit du financement du PS dans toute sa splendeur.

Comment cela fonctionne-t-il ? L'argent en espèces provenant des entreprises est transformé en dons de militants, d'amis, dans le respect le plus strict du cadre légal. C'est Claude Chopin qui propose et organise la transformation de l'argent apporté par les entreprises en dons de militants. Nous nous sommes en effet rapprochés ; les deux anciens voisins de bureau en mairie se retrouvent avec la bénédiction de Kucheida.

Les dons des personnes physiques sont plafonnés par la loi et soigneusement contrôlés par la Commission des comptes de campagne, et il peut être maladroit, cela peut attirer l'attention du fisc ou de la Commission des comptes, qu'un particulier verse 20 000 francs d'un seul coup sur le compte d'un candidat ou d'un parti. Des dons limités sont plus discrets. Mieux vaut dix dons de 2 000, qui peuvent passer pour les économies d'un militant qui soutient son candidat. Un militant, à Hénin, Liévin ou ailleurs, va donc faire un don de 100, 500 ou 1 000 francs, et l'entreprise va déposer sur son compte la somme correspondante. Par exemple, le directeur des services techniques, grand militant, attaché aux valeurs socialistes (!), aide généreusement son candidat préféré : il verse 2 000 francs pour sa campagne, et pour cela reçoit

Maire d'Hénin-Beaumont, sous le regard de Jaurès

2 000 francs de telle ou telle entreprise, ou bien celle-ci réalise chez lui des travaux de ce montant. Cela continue aujourd'hui : un militant reçoit 300 euros et en verse 250, en récupérant au passage un petit intéressement, ou bien il peut recevoir un coup de pouce pour obtenir un logement de la Soginorpa ou d'Adévia, ou encore un emploi pour son fils ou sa fille... Quoi d'étonnant à ce qu'il devienne pour l'éternité redevable aux généreux élus socialistes ?

À ceux qui émettraient des doutes, je dis cette chose simple : j'invite tout le monde à vérifier mes propos en demandant aux candidats que j'évoque ici de sortir leurs comptes de campagne, on découvrira ainsi les noms des heureux donateurs.

Les barons socialistes du bassin minier m'apportent un soutien actif, me prodiguent des conseils pour ma campagne. Pourtant, j'ai été exclu du PS peu de temps avant, exclu du conseil fédéral, puisque officiellement il faut soutenir Darchicourt, ce si bon maire d'Hénin-Beaumont. La fédération socialiste qui m'a exclu me conseille dans l'ombre, m'apporte de l'aide. On se croirait dans un épisode de la série « Mission impossible » : si votre mission échoue, nous nierons avoir eu connaissance de vos agissements.

Apparaît alors l'éminent conseil de l'ombre, Daniel Boczkowski, « Boczko » pour les intimes.

Proche de Kucheida et de Percheron, il est l'œil, l'oreille, la parole du président de la région, la voix de son maître. Il relit mes documents de campagne, apporte sa touche personnelle – « tu devrais dire ça », « fais plutôt ça », « l'affiche je la vois comme ça », « je te conseille de choisir cette photo », « voilà des idées de slogans »... Membre actif de la fédération socialiste du Pas-de-Calais, il y anime le groupe de travail « communication ».

À la tête d'une liste étiquetée « Divers gauche », je mène une vraie campagne de terrain, passant beaucoup de temps avec les Héninois, une campagne qui correspond aux attentes de la population, lassée de l'immobilisme de Darchicourt qui s'est isolé, enfermé dans sa tour d'ivoire, avec autour de lui seuls quelques conseillers, perdus comme lui.

Plusieurs listes sont en présence : la liste officielle du PS, conduite par Darchicourt, la liste sans étiquette de Jean-Marc Legrand, la liste du PC et du Mouvement des Citoyens de Jean-Bernard Deshayes, la liste extrémiste de Steeve Briois.

Je réalise un beau score au premier tour, le 11 mars 2001 : 35,7 %, contre seulement 23,8 % pour le maire sortant, candidat du PS, et 17 % à l'extrême-droite de Steeve Briois. Briois, dont on se souvient comment il a été créé par Darchicourt en 1995, a grandi et en 2001 il ne fait plus de la figuration. Après avoir été membre du FN, il se présente cette fois sous l'étiquette du MNR, depuis que, quelques mois plus tôt, en 1999, il a suivi Bruno Mégret dans sa tentative de « putsch » contre Jean-Marie Le Pen ; il ne se prive pas alors de critiquer le « népotisme » du président du Front national... Mais Briois saura rebondir après l'échec de l'aventure mégrétiste : soucieux de conserver son mandat de conseiller régional, il reviendra dans le giron de Le Pen qui, en pleine recherche de signatures pour se présenter à l'élection présidentielle de 2002, est tout content d'obtenir celle d'un conseiller régional. Il deviendra par la suite secrétaire fédéral du Nord-Pas-de-Calais.

Alors que Briois a réalisé un score lui permettant de se maintenir au second tour, Darchicourt n'envisage même pas d'appliquer la stratégie du front républicain qui a toujours été la règle à gauche, et se maintient. Darchicourt et Duquenne font donc le choix de la stratégie du pire : plutôt l'extrême-droite que Dalongeville, déjà !

La politique amène parfois à des compromis ou des compromissions, et certains n'ont pas peur de se salir les mains. C'est le cas de Christine Coget, notre girouette locale. Directrice d'école maternelle, présidente d'une association de quartier, au Bord des Eaux, elle s'est jetée dans les bras du PS et s'est engagée sur la liste de Darchicourt. Cela ne doit pas être sans rapport avec le fait que le maire lui a promis un logement de fonction de la SAEMIC, un charmant pavillon tout neuf dans une belle zone pavillonnaire au Bord des Eaux... Une fois élu maire, je trouverai le protocole d'accord entre les deux, mais je refuserai de le valider ; madame Coget tentera une action contre moi au tribunal administratif, mais elle la perdra. Ses sympathies socialistes lui valent ensuite un logement de la Soginorpa, que lui attribue Serge Janquin, premier secrétaire fédéral du PS et président de la Soginorpa à l'époque. La Soginorpa, je le rappelle, gère les logements des Houillères du bassin minier – un épisode de sa vie a dû m'échapper, peut-être est-elle une veuve de mineur, un ayant-droit, peut-être est-elle silicosée... En tout cas, les faits sont là : une directrice d'école est prioritaire pour obtenir un logement, alors que d'authentiques mineurs ou veuves de mineurs remplissent des dossiers et attendent patiemment qu'une commission d'attribution prenne une décision positive en leur faveur.

Politiquement, l'évolution de Christine Coget ne s'arrête pas là : elle s'éloigne de Darchicourt, qui a perdu les élections, se rapproche un temps de moi, puis passera du PS au MoDem... Sept ans plus tard, en 2008, Christine Coget n'hésitera pas à s'asseoir à la même table que Marine Le Pen pour me faire battre.

Entre les deux tours, je réussis à réaliser l'union sacrée, du PC au centre, en obtenant la fusion de ma liste avec celle du PC-MDC et avec celle de Jean-Marc Legrand, auquel je tends la main et que j'accueille sur ma liste. Pendant ce temps, la comédie du PS continue : le député Albert Facon soutient Darchicourt jusqu'à la dernière réunion publique et tient même à mon égard des propos odieux, calomnieux. L'écart éloquent des scores du premier tour annonce par avance que Darchicourt a déjà perdu, mais les barons sont en service commandé du PS.

Au deuxième tour, le 18 mars, je suis élu haut la main, Darchicourt est laminé : 6 316 suffrages exprimés contre 2 629 ! L'extrême-droite est présente en 2001, comme elle l'a été en 1995 : non, je n'ai pas fait le lit du FN. Steeve Briois a pris de l'aisance, de l'importance par rapport aux précédentes élections municipales, et la liste officielle du PS a refusé tout désistement en ma faveur. Oui, assurément, le Parti socialiste et Darchicourt ont fait le jeu, volontairement, en toute connaissance de cause, de l'extrême-droite.

Après les deux tours de l'élection municipale, vient ce qu'on appelle le troisième tour, l'élection du maire, lors du premier dimanche qui suit le deuxième tour. Une fois élu maire par le conseil municipal, je me rends à l'étage du cabinet du maire pour prendre possession des lieux. Et là, surprise ! Les clés ont disparu, nous n'avons plus de clé pour entrer dans le bureau du maire ou dans les bureaux des adjoints. On appelle un huissier et, devant lui, on fait changer les serrures. Nouvelle surprise : il n'y a plus aucun dossier, il n'y en a plus un seul non plus dans la mairie annexe de Beaumont. Dans le bureau du maire, les clés du coffre sont sur le coffre, qui est ouvert et vide. Jaurès, dont le buste est installé dans mon bureau, au-dessus du coffre, prend un air désolé.

À peine élu maire, je vais de surprise en surprise... Quelques jours après mon élection, dans la semaine qui suit, la secrétaire me remet l'état de la régie, c'est-à-dire un livre de comptes où figurent les dépenses personnelles de Darchicourt. Je découvre, médusé, que le maire, qui profitait déjà largement du système par les appels d'offres truqués, les surfacturations, les services rendus par les entreprises, et j'en passe, n'en avait pas encore assez, et avait créé une régie municipale pour se faire payer ses dépenses privées : ses cigares, ses frais de pressing, ses notes de restaurant, etc. Tout était légal, pourtant : on demande 100 euros de recette au receveur, la secrétaire achète des cigares et produit une facture de 100 euros, l'agrafe, le receveur atteste, valide, tout est transmis à la recette. Dès 2001, je fais supprimer la régie du maire.

Dans le même registre anecdotique, Darchicourt ne se prive pas d'aller à l'hôtel et au restaurant avec sa collaboratrice – pour travailler, bien sûr, qu'allez-vous imaginer ? –, et il est arrivé que la facture arrive... chez le maire de Noyelles-Godault, Jean Urbaniak ! Fausse destination pour une dépense réelle de la ville d'Hénin-Beaumont. Sans parler des frais de casino à Cannes payés par le Trésor Public sur ordre de Darchicourt !

Les surprises qui m'attendent sont également politiques. Tandis que je suis toujours exclu du conseil fédéral du PS et considéré comme un dissident, mon élection comme maire est bénie par la fédération socialiste, qui va continuer à entretenir un flou artistique, avec une section locale, à Hénin-Beaumont, dirigée par Daniel Duquenne. Il faut laisser le temps au temps, Dalongeville est dissident, etc... Mais, après le soutien de Kucheida pendant la campagne – où j'ai été appuyé, conseillé, financé –, vient ensuite le soutien du député Facon. Les barons du PS auraient très bien pu me marginaliser, me laisser dans une situation de dissident, mais non, puisque j'ai été élu maire, je suis devenu légitime. Un dissident qui gagne une élection gagne en même temps sa carte au PS.

Je reçois rapidement la confirmation que je suis soutenu de près par le PS : le dimanche soir, Jacques Mellick, puis Jean-Pierre Kucheida me téléphonent. Le lundi qui suit mon élection comme maire, à l'aube, je reçois un coup de fil d'Albert Facon, qui me félicite. « Il faut qu'on se voie pour parler de l'élection du district. » On se voit en mairie de Courrières. Darchicourt, encore président du district, doit en tant que président sortant convoquer la prochaine réunion, qui doit installer les nouveaux élus communautaires. « Le district est passé en agglomération, me dit Facon, je veux en devenir président, et toi, en tant que maire de la ville-centre, la plus grosse ville de l'agglomération, tu seras le premier vice-président. Tu es socialiste, tu l'as toujours été, pas de problème. Duquenne, on s'en moque, on refera une section, etc. » Et pourtant, à peine quelques jours avant, le même Facon m'insultait en réunion publique et maintenant, nous voilà comme des amis de trente ans... Je retrouve cet Albert Facon que j'avais connu à Courrières, celui qui m'avait trouvé une place en crèche pour mon fils, ou celui que j'avais aidé pendant sa campagne législative de 1997. Au PS, celui qui a gagné a toujours raison !

S'il est vrai que Pierre Darchicourt a mené quelques combats contre moi, indirectement, il ne s'est jamais opposé à moi, il n'a jamais été virulent à mon encontre. Aujourd'hui, à la lumière de tout ce que j'expose ici, on comprend qu'il n'avait pas du tout envie que j'évoque publiquement le financement de ses campagnes électorales, des sondages, la construction de sa maison ou l'aménagement de son appartement, les appels d'offres arrangés, le coffre dans le bureau du maire et le financement du parti... et bien d'autres choses !

Je m'installe à la mairie avec mon équipe, mes collaborateurs, le directeur général des services, Daniel Duquenne, son adjoint Christian Parsy, qui sera le futur directeur général des services de Harnes quand la ville passera du PC au PS, une ville où on retrouvera des appels d'offres qui bénéficient étrangement à EBTM, SEMIT, ATRIS etc. Le directeur des services techniques est Jean-Luc Candelier, qui étrangement va racheter à la SCI Victor-Hugo (de Kucheida !) le siège du PS de l'époque, 147, avenue Victor-Hugo à Hénin-Beaumont, un siège qui sera négocié à son avantage et rénové par les entreprises de la SAEMIC avec lesquelles la ville travaille. Un héritage de l'époque précédente !

Très rapidement après mon élection, une rencontre est organisée avec les barons socialistes. On se voit autour d'un dîner, un soir ; il y a là Kucheida, Percheron, Facon, Delcourt, et moi, pour préparer l'avenir, et notamment la fusion des SEM.

On règle d'abord la question de la section socialiste d'Hénin-Beaumont, ce qui ne constitue certes pas, à ce moment, ma préoccupation première. Claude Chopin est désigné comme l'artisan de la recomposition de la section héninoise. C'est un vieux militant, on peut passer par lui pour asseoir la légitimité retrouvée des socialistes rassemblés... Alléluia...

Surtout, Percheron parle de l'aménagement du bassin minier, expose ses idées, parle de grands projets, des grands travaux de Béthune à Douai. Le président de la région présente sa grande idée : il faut travailler enfin ensemble, en réunissant les trois grandes communautés d'agglomération, Béthune-Bruay, Lens-Liévin, Hénin-Carvin. Percheron, visionnaire, expose sa stratégie d'aménagement ; on envisage des hypothèses, est-ce qu'on se dote d'une agence d'urbanisme commune au bassin minier ?

Kucheida, de son côté, évoque la nécessaire et urgente fusion des SEM. Carvin venant, aux municipales de 2001, de passer du PC au PS, avec la victoire de Philippe Kemel, l'occasion est belle ! Carvin, c'était la ville du député communiste Joseph Legrand, qui avait battu Jacques Piette à plusieurs reprises, notamment en 1973 et 1978 ; puis la ville d'Odette Dauchet, une femme dynamique et décidée.

Les SEM constituent, on l'a compris, l'outil fondamental de l'aménagement du socialisme municipal. Il faut reconnaître que les sociétés d'économie mixte constituent un outil important, un partenariat public-privé avant l'heure. C'est un schéma d'aménagement qui a montré sa réussite à l'échelle locale, que ce soit à Hénin-Beaumont, à Liévin ou à Carvin.

Cette fusion va être rapidement mise en œuvre. En 2003 Artois Développement absorbe la CARSEM, l'ex-SAEML de Carvin. Puis, nouvel étage de la fusée, la SAEMIC d'Hénin-Beaumont fusionne en 2004 avec la SEM de Liévin, Artois Développement. La SEM Adévia est créée en 2005.

Adévia ne cessera de grossir ensuite : elle fusionnera en 2008 avec la SEPAC, la Société d'équipement du Pas-de-Calais, la SEM d'aménagement du conseil général du Pas-de-Calais, et enfin en 2009 avec ARTEX. Remarquons également qu'Artois Développement, déficitaire à l'époque, absorbe la SEPAC, qui est bénéficiaire.

Une fois la fusion des SEM réalisée, je deviens, en tant que maire d'Hénin-Beaumont, l'un des administrateurs ; la ville y sera représentée par... Claude Chopin, Claude Duberger et Philippe Demarquilly ! Je deviens également administrateur de l'Association des communes minières du Nord-Pas-de-Calais (ACM) et de l'association des communes minières de France (ACOM France), de l'Épinorpa et de la Soginorpa.

Partout, partout, Claude Chopin continue imperturbablement son rôle de grand argentier, il est toujours présent pour les travaux et les appels d'offres, de la SAEMIC à Adévia. Et, quand ce n'est pas Chopin, c'est son suppléant, Claude Duberger, qui deviendra adjoint aux travaux d'Hénin-Beaumont, et président de l'association des Amis de la rose. Duberger, qui est retraité de l'Éducation nationale, s'occupe des banquets, des campagnes électorales, des réunions de la section, du siège, avec des moyens qui tombent du ciel : les généreux donateurs ne manquent pas.

Ou alors c'est Philippe Demarquilly qui s'occupe du sale boulot, adjoint à l'urbanisme à Hénin-Beaumont, agriculteur. Il sera mis en examen pour prise illégale d'intérêts en 2009. Quelques précisions sur cette affaire judiciaire : Demarquilly acquiert un terrain agricole en 2003 auprès du CCAS de la ville à un prix modique, pour moins de 4 000 euros, puis le revend en 2007 à Chrétien pour plus de 700 000 euros, une fois que le terrain a été classé en zone constructible après une modification du plan local d'urbanisme de la ville. Or justement, Philippe Demarquilly, en sa qualité d'adjoint à l'urbanisme, a été à l'origine des modifications du PLU à des fins personnelles. Il a ensuite participé au vote de la délibération municipale entérinant ces modifications. Ces faits constituent le délit de prise illégale d'intérêt. Malgré les preuves éloquentes, Demarquilly passe entre les gouttes et échappe à la justice : prescription, pour quatre jours, décide en juin 2009 le tribunal correctionnel de Béthune, présidé par... le juge Pichoff ! On reviendra sur le cas du juge Pichoff plus loin, mais on comprend bien ici que cette prescription, de si peu, tombe comme un cadeau du ciel ! Demarquilly sera jugé une seconde fois, en avril 2011, pour le même délit, mais dans un autre dossier d'aménagement du territoire : il ne passera pas, cette fois, à travers les mailles du filet et sera condamné à cinq ans d'inéligibilité et 25 000 euros d'amende pour prise illégale d'intérêts. Il faut dire qu'entre-temps, Pichoff est tombé et ne préside plus le tribunal correctionnel.

Voilà qui nous amène à parler de la CFR, la Centrale foncière régionale. Créée en 2008, elle a été mise en sommeil en avril 2010 : elle n'a duré que deux ans, juste le temps d'user de pratiques suspectes et de mener quelques opérations opaques permettant d'engranger de substantiels bénéfices. Juridiquement, la CFR est une société par actions simplifiée, où l'on retrouve les habituelles figures politiques locales du PS du Pas-de-Calais : elle est présidée par Michel Vancaille (l'ancien président de la communauté d'agglomération de Lens-Liévin) et créée à parts égales par Adévia (qui est présidée par

Michel Dagbert, maire et conseiller général de Barlin, et dont un des vice-présidents est JPK), Pas-de-Calais Habitat (présidée par Michel Vancaille et dont un des administrateurs est JPK), la Soginorpa (présidée par JPK). Cela fait beaucoup de coïncidences, tout de même !

Si la raison d'être de la CFR était l'acquisition de réserves foncières, son activité s'est essentiellement limitée à l'achat de terres agricoles à Hénin-Beaumont, dans des conditions et à des prix qui ne peuvent que susciter des interrogations – une surface totale de près de 26 hectares pour un prix de 8,2 millions d'euros, notamment sur le secteur de la Peupleraie II à Beaumont –, sans compter quelques irrégularités portant sur la constitution de la CFR, sa gestion et sa comptabilité. La CFR a acheté des terrains à des prix exorbitants, parfois plus de dix fois supérieurs aux prix du marché, et accordé aux agriculteurs propriétaires des indemnités d'éviction du même ordre, qui ne figurent pas dans les actes notariés ; l'acquisition des terrains avant la constitution de la société ne figure d'ailleurs pas non plus dans les relevés comptables de la CFR. La Soginorpa, mandatée pour porter le projet foncier pour le compte de la CFR, n'a jamais été rémunérée ; d'autre part, Adévia a été systématiquement retenue comme aménageur, sans mise en concurrence, sans jamais protester sur les délais de paiement ; enfin, Pas-de-Calais Habitat renfloue le compte. C'est-à-dire que les trois associés font vivre la CFR le temps de conclure l'affaire héninoise.

De plus, le directeur de la CFR, Bruno Fouquart, qui est également celui d'Adévia, a signé l'achat de terrains à Hénin-Beaumont sans en avoir les pouvoirs : il n'avait pas l'accord du comité de direction dont font partie Vancaille et Deprez, représentant Kucheida.

Dans les montages financiers troubles de la CFR, on retrouve notamment Philippe Demarquilly et sa famille, qui possédaient un grand nombre de terres à Beaumont, la partie rurale de la ville, et qui figurent sur la liste des propriétaires des terrains achetés à Hénin-Beaumont. L'adjoint à l'urbanisme a voté des délibérations en conseil municipal et signé le permis de construire d'un vaste parc logistique à Beaumont, secteur rural de la commune, opération qui lui permit de toucher pas moins de 390 000 euros au titre d'indemnités d'éviction, tandis que ses proches empochaient 500 000 euros.

La CFR et Adévia justifient ces prix élevés en prétextant qu'il faut agir vite, anticiper une spéculation foncière et éviter que les prix ne s'envolent. Mais les terrains acquis ne forment pas un ensemble (plus de 70 hectares non acquis empêchent que la zone ne soit continue et homogène) et, au vu des prix, on peut au contraire estimer que c'est la CFR qui a nourri la spéculation. Au lieu de s'occuper d'acquérir des terrains au meilleur prix, elle a monté des opérations main dans la main avec une étrange société qui servait d'intermédiaire entre Adévia et les agriculteurs propriétaires, HPSC (la SARL Harnes Patrice et Stéphanie Chrétien), dirigée par Patrice Chrétien. HPSC a fait l'intermédiaire entre la CFR et les agriculteurs, signant les promesses d'achat avec les agriculteurs chez le notaire. La CFR a acheté des terrains de dix à trente fois le prix du marché : acte de générosité envers les agriculteurs ? Loin de là, plutôt un acte de générosité envers la société HPSC et Philippe Demarquilly.

L'influence de JPK dans ce dossier de la CFR est omniprésente. S'il ne participe pas aux votes, il assiste régulièrement aux réunions de direction, lui qui est partie prenante dans chacun des trois partenaires qui ont constitué la CFR : président d'Épinorpa-Soginorpa, vice-président d'Adévia, administrateur de Pas-de-Calais Habitat. Sans compter que le directeur général D. Deprez est considéré comme « l'homme de Kucheida ».

***

Après cet intermède sur la CFR, revenons à Hénin-Beaumont. Mon mandat de maire, de 2001 à 2008, ne se limite heureusement pas à ces sombres histoires financières, malsaines et nauséabondes. J'ai eu la chance d'être entouré d'une équipe d'élus formidables, dévoués, dynamiques, qui avaient envie de travailler pour leurs concitoyens, de changer les choses, de moderniser la ville. J'ai aussi été entouré de collaborateurs et employés municipaux qui ont constamment été à la hauteur de leur tâche et m'ont apporté une aide précieuse.

La vie de maire, c'est un dévouement de tous les instants au service de la population, de la ville. Dès le matin, on vient me voir en mairie, parfois même dès l'entrée de l'hôtel de ville, car on me sait disponible et à l'écoute des préoccupations quotidiennes, emploi, logement, ressources... Ma journée d'élu enchaînait les réunions avec les services, le DGS, les visites de quartier, les réunions au centre hospitalier, à la mission locale, à la Communauté d'agglomération de Hénin-Carvin, au SMT, à Adévia... Et les week-ends, mariages, baptêmes républicains, noces d'or, rencontres avec les associations, avec les bénévoles, les tournois, les fêtes de quartier, les concours.

Je suis fier d'avoir créé des emplois, rénové des écoles et construit de nouveaux bâtiments, installé une garderie dans chaque école, créé une crèche-PMI dans le centre-ville, trois maisons de quartier, une salle de sport, un nouveau stade pour l'équipe de football féminin (les filles de Hénin-Beaumont jouent en première division)... En particulier, nous avons développé la zone d'activités du Bord des Eaux, qui a accueilli de nombreuses enseignes et est devenue une zone commerciale de premier rang, particulièrement dynamique. Des logements ont également été construits, cités Lalo et Carpeaux, boulevard Darchicourt, rue Jules Ferry et au Bord des Eaux, ainsi que plus de quatre cents emplois créés. J'ai lancé plusieurs projets dont je n'ai pas vu l'aboutissement : deux nouvelles crèches, la rénovation de l'école Michelet et de la cité Darcy, une nouvelle caserne de pompiers avec le SDIS 62 (Service départemental d'incendie et de secours du Pas-de-Calais), de nouveaux locaux au sein du centre hospitalier Charlon. La ville a été transformée. Dans le bassin minier, Hénin-Beaumont a été l'une des rares communes à gagner de la population : c'est le signe indubitable du dynamisme de la ville. La nouvelle équipe municipale s'en vante ! Après tout, tant mieux pour la ville, tant mieux pour Hénin-Beaumont ! J'aime ma ville.

Chapitre V
« L'argent du coffre, c'est celui du Parti ! »

Après mon élection, les affaires reprennent, ou plutôt les affaires continuent. *The show must go on*... Chopin, Duberger, Demarquilly sont les trois orfèvres des travaux et des marchés publics organisés au profit du PS. Les entreprises amies, ETBM, Fourdrinier et les autres, travaillent pour la ville, pour la SAEMIC, pour Artois Développement puis Adévia, et n'oublient jamais d'en remercier le PS... Plus belle la vie socialiste.

L'utilisation du coffre-fort situé dans le bureau du maire reprend, Chopin continue à y déposer des enveloppes de billets, provenant des entreprises reconnaissantes. Le coffre a toujours servi à cela avant moi, et ces pratiques se poursuivent, je le sais parfaitement. Comme je l'écrirai à la juge d'instruction le 19 décembre 2010, « l'argent du coffre, c'est celui du Parti ! » C'est celui du PS.

C'est un véritable système de financement occulte du PS à travers les commissions versées par les entreprises, qui est organisé. Ce système est entretenu depuis des années, Chopin le développe, avec son ami Guy Mollet. Les surfacturations constituent un autre moyen de récupérer de l'argent : par exemple, la commune achète à une entreprise amie un bien ou une prestation qu'elle paye très au-dessus de sa valeur et récupère ensuite le trop-perçu sous la forme d'un achat de publicité ou en espèces.

Chopin forme Claude Duberger à cette mission, qui reste confidentielle, car très peu sont mis au parfum ; Duberger deviendra à son tour adjoint aux travaux. Ils sont les deux seuls à être en possession des clés du coffre-fort. Évidemment, quelques-uns s'interrogent sur le fait que Duberger se fait construire une maison neuve, s'achète une voiture dernier cri ou un camping-car tout neuf. Cela fait un peu jaser... Mais aujourd'hui, Duberger est décédé (il est mort en juillet 2009) et il aura été un militant socialiste dévoué, proche du terrain.

Racontons une anecdote sur la manière dont est utilisé ce coffre-fort. En avril 2009, le dimanche des Rameaux, Claude Chopin donne un coup de main à son frère Raoul, qui organise une fête de quartier à la ZAC. Or Chopin et Duberger ont de l'argent à déposer, en espèces, qu'ils ont dû obtenir

« *L'argent du coffre, c'est celui du Parti !* »

de telle ou telle entreprise. Chopin ne peut pas aller déposer cet argent dans le coffre, à cause de la fête de son frère, c'est donc Duberger qui s'en charge. Ce dimanche-là, je suis justement en mairie : je veux préparer avec quelques adjoints la prochaine séance du conseil municipal, il y a un conflit à régler avec Marie-Noëlle Lienemann, et j'ai donné rendez-vous à Annick Genty, Nadine Lenglin, Claude Duberger et d'autres élus. Arrivé en mairie un peu avant la réunion, je croise Duberger qui descend l'escalier, et je l'entends encore me dire, avec son accent du sud : « J'ai déposé ce que je devais déposer dans le coffre, car Chopin est pris par la fête de quartier avec son frère ».

Cette scène se déroule très peu de temps avant le 7 avril 2009, jour de la perquisition par la PJ de mon domicile et de mon bureau à la mairie. Les policiers trouveront effectivement de l'argent liquide du PS dans le coffre.

À quoi sert tout cet argent ? Duberger en consacre environ un cinquième à la section locale du PS, pour le fonctionnement du siège, les repas, les banquets, les adhésions, les aides, bref tous les frais divers de la vie d'une section locale.

L'argent du coffre peut aussi servir à aider des élus. À Hénin-Beaumont, tous les conseillers municipaux n'ont pas le train de vie de JPK : ce sont des ouvriers, des employés, qui peuvent se trouver parfois en difficulté. Alors Chopin, bon petit soldat, prête quelques centaines ou milliers d'euros au nom du parti. Tu me le rendras quand tu pourras et, si tu ne peux pas, ne t'inquiète pas... C'est aussi par de telles pratiques qu'on entretient des relations, qu'on fait vivre le clientélisme. Des anciens élus pourraient en témoigner.

Et le reste de l'argent ? Il filait tout droit vers la fédération socialiste. Bien sûr, celle-ci n'a jamais montré qu'elle avait de l'argent. Il n'y a qu'à voir les déclarations de Catherine Génisson, aujourd'hui sénatrice du Pas-de-Calais, ancienne députée de la 2e circonscription (Arras) : regardez nos locaux, ils sont anciens, exigus. Effectivement, la fédération du PS du Pas-de-Calais, rue François-Gauthier à Lens, n'est pas rutilante. Mais ça, c'est la façade ; chacun ne montre que ce qu'il veut montrer... Et parler de financement occulte, ce n'est pas dire que les comptes de la Fédération ne sont pas sincères ; ils le sont sûrement ! Mais, derrière, la fédération a de puissants moyens d'action, grâce à un budget « parallèle » considérable : il faut de l'argent pour rémunérer les nombreux collaborateurs qui travaillent au service des élus, pour financer les emplois fictifs, il faut de l'argent pour financer les campagnes électorales, payer les cartes d'adhérents, s'assurer les services de petites mains toujours utiles dans l'optique des

« *L'argent du coffre, c'est celui du Parti !* »

municipales. Car l'objectif, fondamentalement, est toujours politique.

Revenons sur le financement des cartes d'adhérent : effectivement, ce ne sont pas toujours les militants qui payent, de leur poche, leur adhésion. Par exemple, on compte 1 200 habitants cartés au PS à Liévin : une bonne part de ces militants se sont vu offrir l'adhésion. De même, à Hénin-Beaumont, Claude Duberger paye les cotisations de nombreux adhérents avec l'argent du coffre. Évidemment, sur l'ensemble des militants, on trouve aussi des gens sincères, qui partagent les convictions socialistes, qui adhèrent par conviction, ou qui, la semaine suivante, vont demander à rencontrer le maire pour lui demander un logement pour leur fille, un emploi pour leur beau-frère...

Quand la fédération organise des événements, des manifestations, les militants ne peuvent pas toujours payer : c'est alors l'argent de la fédération qui paye la location de la salle, l'orchestre, qui complète le coût du repas, qui offre le repas aux militants qui n'en ont pas les moyens.

L'argent occulte du PS sert surtout à financer les campagnes électorales : ainsi, ma campagne de 2001 à Hénin-Beaumont a été en partie payée par l'argent liquide des entreprises de Chrétien et de Fourdrinier, après être passé par l'intermédiaire de militants, le tout sous le contrôle de Chopin.

C'est Chopin qui s'occupe du financement du PS. Il a derrière lui toute une antériorité de relations – rappelons qu'il est maire-adjoint d'Hénin-Beaumont depuis trente ans, son ancienneté remonte à Jacques Piette – et a organisé un beau réseau de financement, désormais bien rodé. L'argent part, *via* des biais divers, vers... le Luxembourg.

Cette destination, je ne l'ai découverte que très tard, par l'affaire des avions-taxis, que la justice a considérée comme un cas d'« extraction irrégulière de deniers publics ». De quoi s'agit-il ? Hénin-Beaumont possède une résidence à Léon, dans les Landes, depuis le mandat de Jacques Piette, qui l'avait fait construire dans les années 1980. C'était l'époque où les villes minières envoyaient les enfants et les petits-enfants des mineurs goûter l'air pur, au bord de la mer ou en montagne, et pour Hénin-Beaumont ce furent les Landes, de la même façon que, pour les Houillères du Bassin du Nord-Pas-de-Calais, ce fut l'Hôtel Régina, à Berck, sur la Côte d'Opale, qui accueillit pour des vacances à la mer, pendant plus de quarante ans, les mineurs et leur famille. « Chaque Héninois a droit à sa part de bonheur », disait Piette.

Hénin-Beaumont se dota ainsi d'une belle résidence entourée de pins, d'une superficie de

« L'argent du coffre, c'est celui du Parti ! »

3 500 m², au cœur de la forêt landaise, non loin de la mer. François Mitterrand, premier secrétaire du PS, en posa la première pierre, en 1980 ; Léon n'était guère éloigné de Latché. Piette était en effet proche de Mitterrand, qui l'avait envoyé à Hénin-Liétard quelques années plus tôt, les deux hommes se connaissent bien. Sur la photographie qui immortalise l'événement, on voit Chopin, jeune militant, membre des Jeunesses socialistes. L'élu, qui faisait partie du premier cercle autour de Piette, fut mis aux manettes de la résidence et, sous Pierre Darchicourt, des proches de Chopin s'occupèrent de la gestion.

Mais, avec le temps, l'intérêt pour les vacances landaises diminua, la résidence n'attirait plus les jeunes Héninois, ce n'était plus la mode des vacances organisées par la municipalité. Finalement, la résidence fut fermée, Darchicourt ne s'en occupa plus et confia la gestion à ARTES, l'Association régionale pour le tourisme éducatif et social. Cette association de Saint-André, créée par Pierre Mauroy en 1988, était bien connue pour être un réseau d'embauche et de copinage du PS, où on plaçait des chargés de mission, des collaborateurs…

Quand je suis élu, en 2001, la résidence de Léon est donc à l'abandon. J'y étais allé une seule fois, je ne connais pas très bien la résidence. Quand le sujet est évoqué en bureau municipal, devant tous les adjoints, Chopin propose de s'occuper de la vente, avec le directeur général des services, le directeur des services techniques, l'adjoint à l'urbanisme, le notaire. Il reçoit la mission d'organiser la vente. Quand il se rend à Léon, il utilise un avion-taxi et me fait signer, en tant qu'ordonnateur, les factures de trajets Lille-Dax ou Lille-Biarritz. Alors qu'en fait, et je ne le sais pas, il s'envole, non pas vers les Landes, mais vers le Luxembourg ! Dans cette affaire, j'ai fait confiance à mon premier adjoint. Pour éviter tous les soupçons, Chopin a même organisé quelques vrais déplacements vers les Landes, le directeur des services techniques Patrick Grassart l'a lui-même accompagné. Quand le directeur des services techniques vous dit, de bonne foi : « Je suis allé avec Chopin, j'ai fait le tour de la résidence pour faire les diagnostics des termites et du plomb », eh bien vous y croyez, ça vous rassure. Je n'ai aucune raison de me poser des questions, rien ne paraît suspect, Chopin parle régulièrement de la vente en bureau municipal, il nous donne des assurances, il a en vue plusieurs acheteurs potentiels, la vente d'un tel bien ne peut pas se réaliser rapidement, le marché immobilier est difficile là-bas... Une autre fois, alors que je suis au Congrès national des Missions locales à Bordeaux, Chopin me téléphone : « J'ai su que tu es à Bordeaux, je suis à Léon. Tu peux me rejoindre si tu veux. » Comment ne pas être en confiance ?

« *L'argent du coffre, c'est celui du Parti !* »

En 2006, en sept mois, Chopin et Guy Mollet effectuent une vingtaine de vols avec la compagnie ATS, dont la justice révélera en 2011 l'existence de seize mandats fictifs « aux énonciations fallacieuses ou imprécises », pour un total de 101 512,85 euros. Plus de 100 000 euros dépensés par la commune sans utilité pour elle-même. Plus de 100 000 euros envoyés en l'air.

Quant aux factures des avions-taxis, le libellé, impersonnel, est adressé au maire. C'est ce qui amène en 2007 la Chambre régionale des comptes à formuler des observations et à me reprocher de ne pas avoir fait modifier le libellé des factures étant donné que je n'avais pas moi-même effectué ces voyages. Quand je suis entendu par la présidente de section de la CRC, à Arras, nous discutons de l'opportunité du recours à un mode de déplacement aussi coûteux : la commune est sous l'analyse de la CRC, je devrais faire des économies de gestion, pourquoi dépenser une telle somme pour des déplacements en avion, alors qu'il serait possible d'utiliser le train ou la voiture pour se rendre dans les Landes, etc. Effectivement, avec mon DGS, nous reconnaissons que la remarque est juste, mais que nous avions demandé à Chopin de vendre le bien au meilleur prix, dans les meilleurs délais. Je ne découvrirai qu'en garde-à-vue que les destinations indiquées sur les factures ne sont pas les vraies.

À quoi servent donc ces avions-taxis ? À servir les intérêts personnels de quelques-uns. Chopin, Mollet, des chefs d'entreprise aussi, utilisent ce moyen de transport pour voyager vers des destinations étonnantes, bien éloignées des Landes : Cannes, la Corse, Carcassonne, Biarritz, Montpellier, le Luxembourg... Par exemple, Chopin et Mollet se rendent à Carcassonne, où Mollet avait un projet immobilier, et Chopin, en audience publique de la CRC, affirmera y être allé pour un projet communal, alors qu'Hénin-Beaumont n'a jamais eu aucun projet à Carcassonne... Quant au Luxembourg, Chopin, après avoir dans un premier temps nié y être allé, va finalement le reconnaître. Mollet, de même, a nié détenir des comptes au Luxembourg ou en Suisse, alimentés par une noria de chèques signés par des entreprises amies, dont Ramery.

De toute évidence, l'affaire a manifestement des interférences avec le financement du PS. Comment ne pas être convaincu que les comptes luxembourgeois des différents personnages à la manœuvre ici n'ont pas servi à du blanchiment ? Cette affaire ne constitue finalement que la partie émergée de l'iceberg du « système du PS du Pas-de-Calais », où beaucoup d'argent circule, *via* des chantiers de construction et des affaires immobilières pas toujours en règle, *via* des relations incestueuses entre

« *L'argent du coffre, c'est celui du Parti !* »

mairies, SEM et entrepreneurs, ou *via* des mélanges détonants entre fonds publics et fonds privés... D'ailleurs, un des acteurs clés, le PDG d'une société importante du BTP dans le Nord-Pas-de-Calais a été mis en examen tout récemment, le 24 janvier 2012, pour favoritisme et corruption dans le dossier du RC Lens.

À côté de l'instigateur de toute cette affaire, Claude Chopin, Guy Mollet y a joué un rôle central.

Guy Mollet, une silhouette imposante pour un homme bien enrobé, à la taille moyenne, qui se prend pour un bel homme, une « vedette » ! Avec un visage rond et rougeaud, de petits yeux vicieux, il compense son physique peu gracieux par un bagout légendaire. Pas très intelligent, assez limité même, il ne manque jamais une occasion d'étaler ses connaissances et de se faire mousser. Pas finaud, il a souvent été capable de se faire influencer par des plus tordus que lui, et son manque de personnalité l'amène à s'identifier à eux..

Ma rencontre avec cet homme d'affaires autodidacte et sulfureux remonte à 2002. Je suis maire depuis un an, Mollet s'occupe de l'animation de la tournée d'été de la radio Fréquence Nord, la principale radio régionale, qui deviendra France Bleu Nord. Un plateau en plein air est installé place de la République à Hénin-Beaumont, le maire est interviewé, il y a autour de la table des responsables d'associations sportives et culturelles, on parle de ce qui se passe dans la ville, puis on entend des variétés, une animation, etc. À la fin, un homme vient me voir : « Je m'appelle Guy Mollet ». Je me dis aussitôt : un nom comme ça, je ne vais pas l'oublier. Il se lie d'amitié très vite avec Chopin, qui est présent avec moi ce jour-là, en tant qu'adjoint chargé des finances et des relations publiques (fêtes et cérémonies). Chopin, très affable, bon vivant, se lie rapidement d'amitié avec cet homme crédible, qui a la confiance de Fréquence Nord et qui, après avoir organisé ce genre d'événement, paraît capable d'organiser une fête dans la ville. On apprendra plus tard que Mollet était en conflit avec Fréquence Nord.

Chopin et Mollet deviennent très proches, l'entrepreneur emmène Chopin et sa femme au grand prix d'Isbergues, ils se promènent un peu partout, vont aux courses, voyagent ensemble...

Mollet, c'est surtout un carnet d'adresses remarquablement bien rempli, un homme plein de culot qui s'est toujours vanté d'avoir fréquenté du beau monde, de Bernard Tapie à Hervé Vilard ou Pascal Sevran, surtout des champions de vélo... Il avait quitté son métier dans les travaux publics pour se consacrer à ses passions : les médias et le cyclisme. Après un passage au club de Wasquehal dans les

« L'argent du coffre, c'est celui du Parti ! »

années 1970, il relance dans les années 1980 le Grand Prix d'Isbergues, qui connaît alors des difficultés de trésorerie, et en fait une classique internationale où courent les plus grands cyclistes, par exemple Richard Virenque, un an avant de tomber pour dopage. Il contribue également au renouveau de la course des Quatre Jours de Dunkerque.

Il devient aussi le manager de l'équipe cycliste du Groupement, surtout connue pour son échec retentissant en 1995. Le Groupement, créé un an plus tôt, devait être la vitrine des succès d'un homme, mi-entrepreneur mi-prédicateur, qui avait fait fortune dans la vente directe. Avec un budget colossal, il réussit à recruter Luc Leblanc, champion du monde, et Ronan Pensec. Mais la vente pyramidale est interdite en France, les médias parlent de secte et le club met la clé sous la porte au bout de quelques mois. Mollet se retrouve en 1996 interdit de gestion pendant dix ans.

Il crée ensuite une société, Apiflo, et parraine l'équipe luxembourgeoise Differdange et le vélo-club de Lyon-Vaulx-en-Velin ; ils ne virent jamais la couleur de l'argent promis.

Plusieurs témoignages recueillis par la juge de Béthune, Véronique Pair, dessinent de Guy Mollet le portrait d'un spécialiste du racket. Par exemple, un agent immobilier raconte qu'en 2005, alors qu'il souhaite acheter à Hénin-Beaumont un terrain pour construire des pavillons, Guy Mollet vient le voir, se présente comme l'intermédiaire de la mairie et lui réclame de l'argent, afin que son projet soit « validé ». L'agent immobilier, comme il le raconte aux journalistes des *Inrockuptibles* (7 décembre 2011), est « entré dans un véritable entonnoir ». Il déclare aux enquêteurs qu'il a reçu des appels téléphoniques menaçants : « On va venir te voir », lui aurait lancé un interlocuteur s'étant présenté comme un membre de la communauté gitane de Marseille, qui a ajouté « qu'il n'avait pas peur, qu'il allait mettre le feu, qu'il venait de faire sept ans de prison et que s'il fallait monter au bazooka, ça n'était pas un problème ».

Un autre témoin a parlé à la juge : un promoteur immobilier, qui affirme avoir versé à Mollet plus de 300 000 euros de pots-de-vin, pour obtenir l'autorisation de commercialiser à Hénin-Beaumont cent parcelles de terres agricoles. Il est catégorique sur le rôle du « Wasquehalien » : « Si un programme ne passait pas par Guy Mollet en validation, il n'avait aucune chance d'aboutir. » Le racket a rapidement viré au règlement de comptes violent : en janvier 2008, Mollet et ses « hommes de main » réclament au promoteur de l'argent pour rembourser des « gens de Paris », lui assènent des claques, les coups de tête pleuvent. S'il n'obtempère pas rapidement et n'apporte pas l'argent,

« *L'argent du coffre, c'est celui du Parti !* »

« des personnes de Paris qui ne sont pas des tendres » vont s'occuper de lui et il finira « six pieds sous terre ». Finalement, le promoteur cède, apporte aux racketteurs 40 000 euros en liquide et transfère 260 000 euros sur les comptes bancaires de Mollet au Luxembourg. L'existence de ces virements a bien été constatée par la juge. Mais les menaces ne s'arrêtent pas là pour le promoteur : en juillet 2009, un an et demi plus tard, une nouvelle rencontre a lieu entre le promoteur, son associé et quatre hommes au service de Mollet, au McDonald's de Noyelles-Godault. Mêmes menaces : 200 000 euros pour l'un et 300 000 euros pour l'autre, ou sinon…

Mollet a toujours nié devant la juge.

On est ainsi passé d'appels d'offres truqués, de petits arrangements entre élus et entrepreneurs, à une affaire qui relève plutôt du banditisme, impliquant des « hommes du milieu ». Pour ce qui me concerne, j'ai déposé une plainte. Je ne souhaite pas en dire davantage ici, car je crains pour mon intégrité physique et celle de ma famille.

L'implication de Mollet dans le réseau de financement politique a pris une nouvelle dimension avec l'affaire du *Journal du Pays*. En 2003, Mollet crée *Le Journal du Pays*, un journal gratuit particulièrement intéressant pour la propagande du maire d'Hénin-Beaumont. Les élus y ont leur photo, les rédacteurs y écrivent des articles à leur gloire, je pouvais même relire les textes ou choisir les photos qui allaient paraître. Bien d'autres élus locaux ont profité de ce média, qui avait plusieurs éditions locales, une à Lens, une autre à Béthune-Nœux... Pourtant, beaucoup de ces élus paraissent aujourd'hui frappés d'amnésie : aucun ne se souvient d'avoir été en photographie dans *Le Journal du pays*, d'avoir rencontré Guy Mollet ou d'avoir bénéficié de son carnet d'adresses. Étonnant, non ?

Mollet, qui se rend régulièrement au Luxembourg et dont la BMW y est immatriculée, a perçu sur son compte au Luxembourg un gros chèque de l'entreprise de travaux publics Ramery, qui est très proche de Chopin. Signe de cette proximité, quand Chopin est présenté au juge d'instruction le 9 avril 2009, après quarante-huit heures de garde-à-vue, son avocate présente une substitution à la détention provisoire pour son client soi-disant âgé et malade, et propose l'adresse d'un de ses amis, dans le sud de la France, loin d'Hénin-Beaumont. Cet ami obligeant, qui se distingue par son sens de l'hospitalité, c'est... Romain Gibello, le père de Laurent, qui est le patron de Ramery Bâtiment. Romain Gibello, qui a pris sa retraite dans le Sud, était un entrepreneur incontournable à Hénin-Beaumont sous l'ère Darchicourt, la société Gibello était ainsi l'un des actionnaires historiques de la

« L'argent du coffre, c'est celui du Parti ! »

SAEMIC. À une époque où Chopin était aux commandes des appels d'offres et des travaux, à la ville, à la SAEMIC, à l'hôpital, on peut comprendre que les deux hommes aient noué des liens étroits. Je m'étonne que ce nom de Gibello, sorti du chapeau pour trouver un hébergement à Chopin, soit passé inaperçu dans l'urgence de l'instruction d'un dossier et que personne n'ait fait de rapprochement entre le père et le fils. On voit donc que les liens entre Chopin, Mollet et Ramery sont étroits. Mollet, interrogé sur l'origine du chèque fait à son ordre, fournit des explications vaseuses. Qu'est-ce que Ramery peut bien devoir à l'ancien éditeur du *Journal du pays*, pour justifier un versement de 215 280 euros ? Mollet prétexte qu'il s'agit de sponsoring.... Avec plus de 200 000 euros, on en achète, des logos sur les maillots d'une équipe de vélo ! Une équipe qui, d'ailleurs, n'a jamais couru, n'a jamais rien remporté. On ne verra jamais le nom de Ramery sur le maillot d'un coureur cycliste, sans que jamais l'entreprise de travaux publics ne proteste de ne pas avoir obtenu le sponsoring qu'elle aurait payé, si cher d'ailleurs... Ça ne colle pas !

L'explication véritable est tout autre : c'est une rétro-commission, au profit du PS. Ramery a signé un chèque à la demande du PS, de Kucheida, pour permettre la reprise du *Journal du pays* de Mollet, en liquidation.

Expliquons comment on en arrive à cette conclusion.

Mollet a un défaut dans sa manière de gérer ses affaires : il fait de la cavalerie. Quand *Le Journal du pays* se porte bien, il investit les fonds dans un projet immobilier, qui se casse la figure, et le journal se retrouve alors, en 2007, en liquidation judiciaire. C'est alors qu'interviennent les patrons du PS, Kucheida, Percheron et Mellick, très intéressés par l'idée de reprendre le journal à leur profit. Ils veulent disposer enfin d'un journal du PS dans le bassin minier, où le parti tient toutes les grosses villes, contrôle les communautés d'agglomération, le département, la région : de quoi alimenter une régie publicitaire et donc faire vivre un journal, qui serait assez puissant pour tenir tête aux médias traditionnels, *La Voix du Nord* ou *Nord-Éclair*. Bref, il s'agit de prendre le contrôle du *Journal du pays* du bassin minier, mais en se débarrassant de Mollet, personnage sulfureux et au passé chargé. Dans ce but, Kucheida reçoit Mollet, à deux reprises. D'ailleurs, les propos de Kucheida dans une interview donnée à *La Voix du Nord*, le 3 décembre 2011, doivent mettre la puce à l'oreille des observateurs les plus avertis : à la question que le journaliste ne lui pose pas, il répond qu'il ne connaît pas Mollet. Alors qu'on ne lui demande rien, il a besoin de dire qu'il ne connaît pas le directeur du *Journal*

« L'argent du coffre, c'est celui du Parti ! »

du pays ! Pourtant, est-ce que mes lettres ou celle d'Arnaud Montebourg à Martine Aubry parlent à un quelconque moment d'une relation entre Kucheida et Mollet ? Non, mais le député de Liévin se sent le besoin de dire que son directeur des relations publiques, Guy Dheruelle, président du vélo-club de Liévin, lui avait dit de se méfier de Mollet et qu'il s'est toujours tenu très loin de lui. Citons l'extrait exact de cette interview de Kucheida par Yves Portelli (*La Voix du Nord*, 3 décembre 2011) :

« – Dans ses lettres, Gérard Dalongeville explique que le directeur d'ADÉVIA serait votre homme à tout faire. Il cite beaucoup de noms en vérité...

– Gérard Dalongeville possède une imagination débordante. À l'époque où il occupait beaucoup le terrain avec Guy Mollet, Guy Desruelle [sic], président du vélo-club de Liévin m'avait immédiatement signalé qu'il fallait se méfier comme de la peste du "Wasquehalien". J'avais respecté son conseil à la lettre. La suite m'a donné raison. Voilà pourquoi je n'ai jamais donné suite aux différents rendez-vous. Je ne suis pas fou. »

Pourquoi Kucheida s'empresse-t-il de dire qu'il ne connaît pas Mollet ? Pourquoi est-il devenu subitement amnésique ? Parce qu'il ne veut pas qu'on lui rappelle le rendez-vous avec Mollet dans son bureau ?

Le premier rendez-vous entre Kucheida et Mollet se passe mal, l'ex-manager sportif a dû être trop gourmand, pressé, agressif. Le second se passe mieux : Mollet veut notamment sauver l'emploi de sa fille Véronique, qui est gérante du journal, et les deux hommes se mettent d'accord sur une somme. *Le Journal du pays* est vendu, sans trace officielle. Ils se rencontrent dans le bureau de Kucheida à Liévin, et il se produit alors un événement qui semble anodin : Mollet oublie son agenda dans le bureau du maire, qui m'appelle pour me le dire. Il m'explique qu'il en a fait une copie, « on sait jamais, ça peut servir ». Peut-être pense-t-il à l'utiliser contre quelques ennemis politiques ; peut-être pense-t-il à Jean-Paul Delevoye, entre autres proches de Mollet.

La commission destinée à Mollet est versée en grosse partie par Ramery. Un déjeuner avec Ramery et Beauchamps, le président du directoire, viendra officialiser cet accord en présence de Chruszez, Demarquilly, Chopin et moi-même, au Lensotel de Vendin-le-Vieil, près de Lens. Ramery verse donc un chèque de 215 000 euros versé au Luxembourg sur le compte de Mollet – prétendument pour du sponsoring – qui, au passage, se paye. Puis, deuxième étape, Mollet signe un chèque au bénéfice d'un troisième larron, en France, auquel, prétend-il, il doit de l'argent pour l'achat d'une voiture. Remarquons que le PS n'apparaît nulle part

« *L'argent du coffre, c'est celui du Parti !* »

dans ce circuit de financement, ni Kucheida ni Percheron.

C'est ainsi que Jean-Pierre Chruszez se retrouve à Béthune, à la demande du PS, chez le liquidateur judiciaire du *Journal du pays*, maître Jérôme Thetten, à faire une offre de reprise, officiellement au nom de CESAM management, sa société de communication et de formation, dont sa femme Marie est la gérante – rien de plus crédible... C'est bien lui qui fait l'offre de reprise, au nom du PS, mais cela doit rester secret. Il est accompagné de trois chefs d'entreprise, qui apportent de l'argent : deux gérants de société, Guy Rémy et Jean-Marc Bouche – qui, d'ailleurs, se trouvent être deux frères – et un autre, qui n'a rien à voir avec tout ce milieu politico-affairiste. Ce quatrième homme, c'est justement le vendeur de voitures à qui Mollet a fait son chèque pour payer une voiture imaginaire ! La boucle est bouclée, le blanchiment est terminé.

Cette affaire a fait l'objet d'un jugement de la Chambre régionale des comptes le 6 juillet 2010, concluant qu'avec Chopin et Mollet j'étais « conjointement et solidairement » désigné comptable de fait des deniers de la ville d'Hénin-Beaumont à hauteur de 101 512, 85 euros, un jugement qui a été confirmé par un arrêt de la Cour des comptes le 8 septembre 2011.

Un deuxième jugement a ensuite rendu une décision de répartition de la dette correspondante (101 512,85 euros) et des amendes entre les différents acteurs, Chopin, Mollet et moi-même. C'est ainsi que, le 24 janvier 2012, de sévères amendes ont été prononcées : 15 000 euros pour moi-même, 13 000 pour Guy Mollet et 4 000 pour Claude Chopin. Je ne peux que déplorer leur disproportion, compte tenu du fait que je n'ai jamais profité une seule fois de ces factures.

Dans cette affaire, mon rôle est clair : je ne conteste pas ma responsabilité, j'assume ma responsabilité comme ordonnateur, mais en aucun cas je n'ai bénéficié de revenus occultes et à aucun moment je n'ai profité des vols. Je le sais, et j'en ai les preuves : certains déplacements aériens de Claude Chopin au Luxembourg avaient pour but le blanchiment d'argent, et ces déplacements au Luxembourg sont liés au financement du PS.

Je n'ignore pas la gravité de ces accusations, mais telle est la vérité.

Puisque j'ai mentionné le rôle de Jean-Pierre Chruszez dans la reprise du *Journal du pays*, c'est le moment de le présenter en quelques mots. Chruszez, c'est l'acteur idéal pour jouer dans un film le rôle du « traître ». De petite taille, un visage assez carré, un sourire faux, des yeux qui paraissent tantôt belliqueux, tantôt pervers, surtout

« *L'argent du coffre, c'est celui du Parti !* »

quand il met ses lunettes sur le bout du nez. Un personnage assez prétentieux, hautain, un de ces hommes qui savent tout mieux que tout le monde – un vrai petit caporal – allant là où le vent le pousse, extrêmement manipulateur. Il est arrivé à Hénin-Beaumont en 2006. Président de la fédération du Parti radical de Gauche du Pas-de-Calais, DGS de la mairie de Béthune, il a toujours été auprès de Jacques Mellick, au ministère de la Mer sous la présidence de Mitterrand, aux Voies navigables. Le système Mellick à Béthune, on le connaît : une pratique constante du clientélisme, des électeurs qu'on s'attache par diverses « attentions », divers « services », des boîtes de chocolats pour les personnes âgées aux emplois pour les jeunes, voire quelques gratifications en espèces. Et le maire ne se prive pas de rappeler à ceux qu'il a aidés qu'ils doivent « bien voter ».

Chruszez est alors adhérent au PS, mais, à la demande de Mellick et Percheron, qui veulent « se » construire un PRG dans le Pas-de-Calais, qui soit à la botte du PS, Chruszez devient président de ce PRG fantoche. Ce petit arrangement permettra de dire que le PRG soutient le PS.

C'est d'ailleurs dans ce cadre que je rencontre Fabrice Paszkowski, entrepreneur lensois spécialisé dans le matériel médical, très proche de la famille Mellick, notamment du fils de l'ancien maire,

Miguel et Jacques. Il a été l'associé d'un des fils Mellick dans une société de location de matériel médical. Paszkowski est fasciné par Jacques Mellick père, qui lui a demandé de financer le PRG de Chruszez. On retrouvera d'ailleurs Paszkowski et le fils Mellick comme fournisseurs de matériel médical pour les cliniques de l'AHNAC de... Patrick Pique.

Chruszez est un petit soldat du PS : c'est ainsi qu'il est venu à Hénin-Beaumont sur ordre du Parti socialiste, lors des élections municipales de 2001, tenir une conférence de presse contre moi, pour soutenir Darchicourt, seul et unique candidat du PS. Honte à ceux qui trahissent...

En 2006, Chruszez m'appelle : « Il faut qu'on discute, à la demande de Percheron. Est-ce que tu peux venir me voir ? » Il est alors DGS à Charleville-Mézières, dans les Ardennes : depuis que Mellick a perdu la mairie de Béthune en 1996 (il a dû interrompre son mandat après avoir été condamné pour témoignage de complaisance dans l'affaire VA/OM), il a dû pour sa carrière accepter un poste d'administrateur territorial. Je dis : « OK. » Étrangement, Fourdrinier, entrepreneur proche de Kucheida et de Mellick, m'appelle peu après. Il sait que j'ai été contacté par Chruszez et me propose de m'accompagner. Étonnant comme le tourisme ardennais attire les gens du bas-

« *L'argent du coffre, c'est celui du Parti !* »

sin minier... Chruszez est encore un frère, d'ailleurs, de la loge de Béthune. Les choses n'arrivent jamais par hasard. Me voilà donc parti pour Charleville-Mézières, on déjeune avec Chruszez et son épouse. Il me raconte qu'il s'ennuie dans les Ardennes et que Percheron lui a suggéré d'aller travailler à Hénin-Beaumont comme collaborateur, en vue des élections municipales de 2008. L'affaire est rapidement conclue. Détaché de la région Nord-Pas-de-Calais à la mairie de Charleville-Mézières, il réintègre la région pour être à nouveau détaché, à la ville d'Hénin-Beaumont. Il revient s'installer dans sa maison de Béthune. Son atterrissage doit se faire tranquillement... Il a reçu mandat de Serge Janquin, député socialiste du Pas-de-Calais, premier secrétaire de la fédération, de rassembler les socialistes d'Hénin-Beaumont autour de moi. Il est ainsi en service commandé, sur ordre de Kucheida-Percheron, le PS lui a confié une mission à Hénin-Beaumont, en vue de ma candidature en 2008. Il sera mon directeur de campagne en 2008, s'occupe de la communication, rencontre Mollet, devient rapidement cul et chemise avec Chopin.

Pour en revenir au *Journal du pays*, l'affaire finit en impasse. Il était prévu que Chruszez reprenne le journal, qu'il en devienne le responsable, et l'alimentation financière se serait faite par les canaux habituels. Mais les choses se sont précipitées sur le plan judiciaire, Mollet s'est fâché avec Chruszez, et ce montage complexe, aux ramifications franco-luxembourgeoises, n'a débouché sur rien. Ramery n'a pas pour autant réclamé son argent ; l'ascenseur reviendra plus tard.

***

L'un des hommes clés du système de financement occulte du PS, c'est Daniel Boczkowski, « Boczko » pour les intimes, l'homme de Percheron. Il est chargé de la communication au sein de la fédération socialiste, dans tous les sens du terme, de la communication aux relations publiques : il aide les candidats à préparer leur campagne et les oriente vers l'imprimerie l'Artésienne, une fois élus il leur donne des conseils sur la communication municipale.

Professionnellement, il est cadre chez Dalkia, la filiale de Veolia Environnement spécialisée dans le chauffage urbain, très implantée dans la région Nord-Pas-de-Calais. Racontons comment se passe l'attribution préférentielle de marchés juteux. Y a-t-il un marché d'appel d'offres pour le chauffage à Hénin-Beaumont ? Il va être soigneusement préparé en amont. Chopin réunit le directeur des services techniques et le directeur local de Dalkia pour préparer cet appel d'offres. Dalkia y répond,

« L'argent du coffre, c'est celui du Parti ! »

parfois même l'entreprise est la seule à répondre, et à tous les coups elle obtient le marché, puisqu'elle était en amont dans le secret du dossier. C'est ainsi qu'elle récupère un contrat de plusieurs millions d'euros, pour le chauffage des bâtiments communaux, de la piscine, des écoles. Les marchés publics importants, au montant élevé, sont suivis personnellement par Boczkowski, et leur attribution se fait directement au profit du PS. Un lien s'est créé entre l'investiture par le PS (ou le soutien) des élus et l'attribution à Dalkia des marchés de chauffage dans leur commune : Boczko intervient sur l'investiture socialiste des candidats qui, une fois élus, lui renvoient l'ascenseur en accordant des contrats à l'entreprise Dalkia, et les fonds récupérés *via* ces contrats alimentent une cagnotte politique : ils servent au financement de la fédération PS.

De plus, Boczkowski est, chez Dalkia, chargé du secteur international. Or la plupart des villes du bassin minier sont jumelées avec une ville polonaise ou, pour les anciennes villes communistes, avec une ville de l'ex-RDA. C'est l'occasion idéale, pour Boczkowski, de voyager dans les bagages du maire ; il joue à la fois la fonction de l'interprète allemand et polonais et celle d'ambassadeur de Dalkia ! Ainsi Dalkia est-elle devenue un des principaux partenaires des communes du bassin minier et de leurs villes jumelles, un de leurs premiers financeurs.

Homme de l'ombre de Percheron et de Kucheida, Boczkowski a un pied dans toutes les opérations, il intervient dans la communication des maires socialistes, s'arrange pour être au courant de tout. Un maire veut-il construire des logements, un béguinage, une maison de retraite, ou encore aménager une zone d'activités ? Boczkowski met Adévia dans la boucle. Le maire va dès lors rencontrer Bruno Fouquart, le directeur d'Adévia : « On m'a dit que vous vouliez réaliser des logements, parlons-en. » On regarde les prix des terrains, à quel prix ils pourraient être cédés à Adévia, les modalités de l'opération d'aménagement, etc. Dès lors, au moment où le conseil municipal étudiera le dossier, Adévia aura déjà tout préparé, elle aura même préparé le projet de délibération par laquelle la ville donne délégation à Adévia pour aménager ou pour lui céder les terrains à tel prix. Tout est donc prévu pour que l'opération ne puisse pas échapper à Adévia. Les élus du conseil municipal sont séduits, Adévia est vraiment à notre écoute, elle a pensé à prévoir une petite rue pour l'accès à l'arrière, ils ont pensé à tout, sont au fait de tout, le dossier a été bien préparé, on peut effectivement faire confiance à cette SEM... Et voilà, l'affaire est dans le sac !

« L'argent du coffre, c'est celui du Parti ! »

La troisième étape, une fois qu'Adévia a été choisie, concerne le choix des entreprises. Telle entreprise a participé à la construction de telle école, on en fera travailler une autre pour la piscine, telle autre encore pour la maison de retraite, la répartition est soigneusement organisée. L'illégalité peut quand même respecter certaines règles... Les marchés d'appels d'offres sont arrangés de la manière qui était en usage à la SAEMIC à l'époque de Darchicourt, c'est-à-dire dans l'irrégularité permanente et dans le non-respect des règles des comptes publics.

Je veux souligner d'ailleurs que ces opérations frauduleuses ont contribué à creuser le déficit du budget d'Hénin-Beaumont. Ainsi, pour maintenir en vie artificiellement la SAEMIC, Darchicourt lui avait-il cédé au franc symbolique des terrains appartenant à la ville, pour que la SAEMIC puisse les aménager. Alors, quand on parle aujourd'hui de déficit public à Hénin-Beaumont, il faut prendre en compte le fait que plusieurs millions ne sont pas entrés dans les caisses de la ville, qui dans une opération comme celle-ci n'a gagné qu'un seul franc. De plus, la manière dont l'opération a été conclue était déloyale en termes de concurrence, car elle aurait pu échoir à d'autres aménageurs qui, eux, auraient payé le terrain à son juste prix. Fait aggravant, la SAEMIC est devenue propriétaire de terrains pour y construire, non pas des logements sociaux, mais des appartements du parc privé. Avec, à la clé, l'intervention d'entreprises amies, Gibello et autres, d'architectes amis… Ce genre de cession est véritablement scandaleux.

Il l'est d'autant plus quand on connaît la suite. La SAEMIC s'est retrouvée en difficulté : elle a aménagé l'Espace Lumière, un ensemble de salles de cinéma, et s'est construit un espace complet de bureaux et de salles de réunion, avec des commerces en rez-de-chaussée. Elle avait vu très grand et avait des difficultés à trouver des locataires. En fait, il n'y avait pas de marché pour des bureaux à Hénin-Beaumont. Finalement, c'est la ville qui s'y est installée, le rez-de-chaussée commercial n'a jamais vraiment fonctionné. Cette opération était donc déficitaire, aussi la ville a-t-elle décidé de racheter les bâtiments à la SAEMIC.

Au total, sous l'ère Darchicourt, ou bien la commune ne gagnait pas d'argent en cédant des terrains à bas prix, ou bien elle en perdait en rachetant des espaces déficitaires, sans compter les fausses opérations, comme la tribune Birembaut, au stade d'Hénin-Beaumont. De telles pratiques ont fortement contribué à ce qu'à la fin de 2000 les finances communales enregistrent un déficit important.

***

« *L'argent du coffre, c'est celui du Parti !* »

On m'a reproché, je le sais bien, d'avoir fermé les yeux sur les pratiques occultes qui avaient cours dans ma propre mairie, sur les dysfonctionnements qui étaient organisés dans mes propres services municipaux. Concernant les appels d'offres, je ne m'en mêlais absolument pas : Claude Chopin présidait les commissions municipales d'appels d'offres, je n'en ai jamais présidé aucune. Les chefs d'entreprise qui ont été interrogés par la police l'ont d'ailleurs affirmé : c'était Chopin qui s'occupait de tout. Chopin, en agissant ainsi, n'avait aucune crainte : il se savait indéboulonnable, il en savait suffisamment pour faire tomber tout le monde.

Si j'avais voulu intervenir, prétendre remettre de l'ordre dans ce système, tirer un trait sur toutes ces affaires, cela aurait été un suicide. C'est un système dont on ne peut pas sortir. Le système, à Hénin-Beaumont, a commencé avec Jacques Piette, s'est développé avec Pierre Darchicourt, tout en prenant davantage une orientation personnelle, s'est poursuivi avec moi, et continua encore après moi, à partir de juillet 2009, avec Daniel Duquenne. Il s'est poursuivi, année après année, avec les mêmes hommes aux manettes, Chopin et d'autres, avec les mêmes entreprises. Ce système, je l'ai connu d'abord comme collaborateur à la SAEMIC, je l'ai connu ensuite à la mairie ; il existait et existe encore dans d'autres SEM du bassin minier, dans d'autres mairies, dans d'autres communautés d'agglomération. Un système organisé depuis Liévin, et profitant quasiment en totalité au PS. En effet, Jean-Pierre Kucheida, député-maire, baron socialiste tout-puissant, ne peut pas le rester s'il ne contrôle pas l'argent, nerf de la guerre et élément clé des campagnes électorales et du clientélisme, s'il ne maîtrise pas les circuits de financement. D'où la mainmise sur Artois Développement, l'Épinorpa, la Soginorpa… C'est cette volonté de contrôle qui explique également la fusion des SEM, à partir de 2003, et la création d'Adévia, qui permet de mettre fin à la dispersion des entreprises. Avec la fusion des SEM, il n'y a plus d'un côté les entreprises de Darchicourt à Hénin-Beaumont, de l'autre les entreprises de Kucheida à Liévin : avec Adévia, toutes les entreprises travaillent ensemble.

La même volonté d'asseoir son pouvoir explique aussi la volonté de JPK de placer des hommes qu'il contrôle aux leviers de commande : à la CCI, par exemple. C'est le moyen de tenir tous les leviers. C'est le même qui donne l'ordre des opérations d'aménagement. Quand la CCI, la Soginorpa ou Adévia aménage, il décide quelle opération est lancée, il décide quelle entreprise d'électricité ou de plomberie est retenue, etc. Finalement, on est

« *L'argent du coffre, c'est celui du Parti !* »

arrivé à ce que JPK voulait mettre en place : un système organisé dans tout le bassin minier. C'est un système qui s'apparente au centralisme soviétique : tout est décidé par un seul homme et pour un seul homme.

Quant à moi, ce n'était pas ma culture, et je n'y portais guère d'attention. Je ne m'en occupais pas, et de toute façon il n'y a pas eu, dans mon cas, d'enrichissement personnel. Si, au tout début de l'affaire, les journaux ont fait leur Une sur des soupçons de détournements de fonds, aujourd'hui, les inspecteurs des impôts qui ont épluché mes comptes et scruté à la loupe ma situation personnelle, sont arrivés à une autre conclusion. On a parlé de nombreux voyages coûteux ; au final, il subsiste un doute sur au maximum trois voyages. La montagne a accouché d'une souris !

Ce qui est révélé ici, c'est la partie immergée de l'iceberg, et c'est « seulement » une partie de l'ensemble. Je parle d'une ville en particulier et de ce que je connais du système, mais ce que la police et la justice sont en train de découvrir est considérable. Derrière, la réalité est terrible.

Chapitre VI
2008-2009 : un mandat interrompu

En mars 2008, commence mon second mandat de maire à Hénin-Beaumont, dont je ne sais pas qu'il sera très court. Trop court.

La campagne électorale est très mouvementée, comme un signe avant-coureur des péripéties qui vont bientôt se dérouler.

Alors que se profile la campagne municipale, Serge Janquin m'appelle un jour de septembre 2007 : les choses se précipitent, il va recevoir la presse pour annoncer la venue de Razzy Hammadi à Hénin-Beaumont, il n'a guère le choix, il est un bon soldat du PS... Janquin le reçoit avec toute la presse, annonce qu'il sera sur ma liste... À Hénin-Beaumont, on l'attend toujours. Puis, nouveau coup de fil de Janquin, Razzy Hammadi ne viendra pas – ah bon ? –, nous assisterons à un autre parachutage, si le vent est bon : celui de Marie-Noëlle Lienemann.

Quelques mots d'abord pour présenter la future élue héninoise. Après avoir été députée de l'Essonne, maire d'Athis-Mons, et ayant quitté précipitamment la mairie après un rapport accablant de la Chambre régionale des comptes, Marie-Noëlle Lienemann est parachutée en 2002 à Béthune, où le PS demande à Jacques Mellick de l'accueillir. Battue aux élections législatives en juin 2002 dans la neuvième circonscription du Pas-de-Calais (Béthune), elle devient ensuite en 2004 conseillère régionale du Nord-Pas-de-Calais, sur la liste de Daniel Percheron, vice-présidente du conseil régional et à nouveau députée européenne dans la grande circonscription Nord-Ouest. Le courant passe très mal avec Jacques Mellick, Chruszez en garde également un très mauvais souvenir.

Après l'annonce de Janquin, nous organisons un rendez-vous entre Mellick, Chruszez, Boczkowski et moi. Les avis sont partagés. D'un côté, Boczkowski veut suivre les consignes de la fédération ; de l'autre, Mellick et Chruszez y sont opposés, avançant qu'on ne peut pas travailler avec elle, qu'elle a trahi et donc qu'elle me trahira... Finalement, la position de Boczkowski l'emporte ; il me conseille de l'accueillir à Hénin, s'en porte garant, veillera à ce que tout se passe bien. De fait, il sera toujours présent pour arrondir les angles, porter la parole de Percheron et faire en sorte que nous puissions nous accorder.

2008-2009 : un mandat interrompu

J'appelle donc M.-N. Lienemann, je lui propose de nous voir à Lille, avec Olivier Vergnaud, un ancien du PS, secrétaire de la section, passé par le SIVOM du Béthunois, proche de Mellick et de Chruszez. Il est directeur du service scolaire (la Caisse des écoles) à Hénin ; c'est d'ailleurs lui qui fera entrer Jean-Marc Bouche, patron de l'entreprise Deberdt (droguerie et peinture), dans les appels d'offres des écoles. Encore un frère de Béthune.

Le premier contact avec Marie-Noëlle est très mauvais. Elle, prétentieuse, étale ses titres de députée européenne et de vice-présidente de la région, me rebat les oreilles de son passage au ministère du Logement... Elle entend mettre son grain de sel sur la composition de ma liste. Je lui propose d'être première adjointe, en deuxième position sur la liste ; je lui fais quand même remarquer qu'elle a besoin de moi pour exister, qu'il lui faut un mandat local pour les élections européennes, et que, moi, je n'ai pas demandé à l'accueillir. À bon entendeur.

Nous nous voyons à plusieurs reprises, le courant passe toujours très mal avec Chruszez. On dîne régulièrement ensemble, pour mettre au point la stratégie de campagne. J'apprends que des rumeurs circulent sur un affaiblissement du maire, or c'est Lienemann qui fait courir ces rumeurs, pour me faire croire que son arrivée peut m'être utile. Et pour cause, elle a été ministre du Logement ! Elle croit qu'elle va sauver Hénin-Beaumont, le bassin minier et la fédération du PS, la France tout entière même, du péril Marine Le Pen. Nous ne nous aimons pas, c'est un euphémisme, mais nous nous affichons ensemble pendant la campagne, publiquement nous faisons croire que nous nous apprécions. La dame n'a pas dû apprécier le sondage publié par *La Voix du Nord*, qui m'accorde 40 % d'intentions de vote au premier tour dans une triangulaire et me prédit une élection sans problème. Le positionnement de Lienemann en sauveteuse du PS et de la gauche désunie n'est plus guère crédible.

Mais, nouveau rebondissement d'une période qui n'en manque pas, on découvrira plus tard la véritable stratégie de M.-N. Lienemann : elle compte participer à une liste dissidente menée par Daniel Duquenne, une liste d'« alliance républicaine ». Ces comparses se sont mis à la table de Marine Le Pen, qui vient d'annoncer sa candidature comme numéro 2 de la liste FN derrière Steeve Briois, unis par un seul objectif : « Tous contre Dalongeville ! ». Ils sont convaincus que je réaliserai un premier tour médiocre, que je n'aurai pas d'autre possibilité que le désistement républicain et devrai me retirer. Et alors, toute la gauche unie, unie comme un seul homme, se rassemblera et

M.-N. Lienemann conduira la liste d'union au deuxième tour, elle qui est la seule capable de faire l'union avec Duquenne – puisque Duquenne et moi, nous nous détestons et ne pouvons pas nous entendre pour faire liste commune. L'ancienne élue d'Athis-Mons est la mieux placée pour rassembler la gauche, en tout cas bien mieux placée que moi, et hop ! elle sera immanquablement élue maire d'Hénin-Beaumont, qui n'attendait qu'elle. Las ! Rien de ce scénario merveilleux ne se réalisera ; Lienemann se fera finalement virer de la région Nord-Pas-de-Calais par Percheron et se fera aussi sortir de la liste européenne. Aujourd'hui, grâce à sa grande copine Martine, c'est à Paris qu'elle a retrouvé une terre d'accueil : elle y a été élue, sur scrutin de liste, sénatrice en 2011. Ce parachutage à Paris ne serait-il pas la récompense de sa mission en service obligé à Hénin-Beaumont contre moi ? Lienemann aura en tout cas contribué au pourrissement de la situation locale et à ma mort politique ; après moi, ce sont Kucheida et Percheron qui se sont retrouvés dans le viseur. Chacun a ses snipers : pour Martine Aubry, c'est Lienemann.

Derrière ce règlement de comptes, où Hénin-Beaumont devient un nouvel OK Corral, se profile en réalité une stratégie Aubry-Lienemann dirigée contre moi-même : tuer Dalongeville, c'est porter un coup au duo Percheron-Kucheida. En effet, à la tête de la région Nord-Pas-de-Calais, le président doit passer la main. Or il existe, pour le siège présidentiel, une longue tradition d'alternance entre les représentants du Nord et ceux du Pas-de-Calais, depuis Pierre Mauroy (1974-1981), Noël Josèphe (1981-1992), puis la Verte Marie-Christine Blandin (1992-1998) et enfin Michel Delebarre (1998-2001). Percheron, élu en 2001, doit céder la place, mais il renâcle. Le successeur prévu est Pierre de Saintignon, bras droit et premier adjoint de Martine Aubry, bouillonnant vice-président de la région. La fédération du Pas-de-Calais se retrouve donc dans la ligne de mire de celle dont on ne sait trop si elle intervient en tant que première secrétaire du PS ou en tant que maire de Lille.

Revenons à la campagne de 2008. Jean-Pierre Chruszez déploie tous ses talents de communicant. Il rédige un tract anonyme dirigé contre le FN, intitulé *L'affronteur*. Son initiative suscite le mécontentement de certains membres de ma liste, qui considèrent que nous n'avons pas besoin de recourir à ces méthodes, que les sondages sont encourageants et que nous avons un bon bilan. Chruszez insiste et rédige plusieurs numéros au cours de la campagne. L'un d'eux affirme que Daniel Duquenne, quand il était directeur du CCAS d'Hénin-Beaumont, puis DGS, a voyagé à plusieurs reprises aux frais du contribuable, notamment aux frais du « Temps de vivre », l'association du troisième âge de la ville, dirigée par son épouse Brigitte Duquenne. Duquenne se sent diffamé et porte plainte.

La plainte sera instruite après l'élection : je suis convoqué par un juge d'instruction à Béthune, avec un statut de témoin assisté, et je m'y rends avec comme avocat Didier Cattoir – qui s'occupe habituellement des dossiers judiciaires qui concernent le PS. Le juge me demande si je suis l'auteur du tract. Je reconnais que ce texte a été distribué pendant ma campagne, il figure d'ailleurs dans mes comptes de campagne – ce qui montre bien qu'il était stupide de le présenter comme anonyme –, mais je n'en suis pas l'auteur. Et là, le juge m'apprend que Duquenne reconnaît les faits mentionnés dans le tract : oui, il a effectué plusieurs voyages qu'il n'a pas payés. Qu'est-ce qu'on fait dans le bureau du juge, alors ? Duquenne porte plainte en diffamation, et ensuite il reconnaît le fait ! Où est la diffamation ? En fait, ce qu'il y a derrière cette affaire, c'est la volonté d'éviter qu'on n'en arrive au PS, à la section, à Chruszez, parce que le PS aurait été mêlé à deux démarches judiciaires pour diffamation en même temps.

En effet, dans le même temps, Briois, pour le FN, avait lui aussi porté plainte pour diffamation contre un autre numéro de *L'affronteur*. Chruszez et Olivier Vergnaud, le secrétaire de la section socialiste d'Hénin-Beaumont, avaient fait appel à un dessinateur qui avait croqué Briois et Marine Le Pen, et présenté le candidat du FN comme « le toutou à Marine ». Briois se sentait attaqué dans son image.... On trouve pourtant pire dans des journaux satiriques, *Le Canard enchaîné* ou *Charlie Hebdo* ! Briois dépose plainte contre Jean-François Baland, un militant qui distribuait le texte et se trouve poursuivi pour avoir diffusé un tract diffamatoire. Me voilà donc convoqué au commissariat de Sallaumines. On me demande si je suis l'auteur du tract, je réponds que non, c'est Chruszez, qui était mon collaborateur et est devenu élu municipal. Or, tout est fait au PS pour étouffer l'affaire : Baland s'est vu imposer deux avocats, maîtres Gérald Vairon et Henri Dziwoki, qu'on retrouvera plus tard. On lui dit : « Tu assumes, tu seras condamné à trois fois rien, mais tu ne lâches rien, tu dis que ce n'est pas le PS qui est derrière ce tract. » C'est exactement la même pratique qui se répétera avec mon dossier : ne jamais arriver à ce que le PS soit mis en cause, tout faire pour éviter que la justice ne s'intéresse au parti. Ils ont préféré faire condamner le petit militant, qui a tout assumé seul.

Voilà donc dans quel esprit se déroule la campagne de 2008.

Une campagne qui m'offre une nouvelle confirmation du bon vieux principe socialiste : si tu gagnes, tu es le bienvenu au PS. En effet, le premier secrétaire de l'époque, François Hollande, vient en personne à Hénin-Beaumont soutenir notre liste d'union de la gauche et appelle à voter pour « la liste de Gérard », comme il le proclame. C'est tout de même étonnant que le premier secrétaire du Parti socialiste soutienne un candidat qui a été radié du PS en 2000 ! En tout cas, c'est la comédie de la bonne entente qui est jouée devant les électeurs… Pour tout le monde, l'opinion et les journalistes, cette amitié affichée doit signifier mon retour en bonnes grâces et annoncer ma prochaine réintégration dans les rangs socialistes. Quand une journaliste de *La Voix du Nord* lui pose la question de mon retour au sein du PS, il répond avec un cynisme désarmant : « Chaque chose en son temps, je ne suis pas venu faire signer des adhésions au parti. Je souhaite avant tout qu'Hénin-Beaumont reste à gauche. Maintenant, s'il y a victoire, c'est plus facile en effet de rejoindre les rangs du PS. » (*La Voix du Nord*, 21 février 2008) Tout est dit ! On croirait entendre une nouvelle version de la célèbre citation de Deng Xiaoping : « Peu importe qu'un chat soit blanc ou noir, s'il attrape la souris, c'est un bon chat. »

Une fois que les résultats du sondage (qui me donne largement en tête, contrairement aux ambitions de Lienemann) ont paru dans la presse, quand nous allons sur le terrain, quand il apparaît que la parachutée n'est pas si connue qu'elle le croyait et que les habitants apprécient leur maire, la voilà qui recule : elle m'impose quelques candidats, et c'est tout. Elle loue en dernière minute un logement à Hénin, boulevard Gabriel Péri, où elle loge des jeunes du MJS (Mouvement des Jeunesses socialistes), qu'elle présente comme ses candidats : elle m'invente des noms, prétendument des Héninois et Beaumontois pur souche, mais que personne ne connaît. Elle loge Alexandre Cousin à cette adresse. C'est quasiment *L'Auberge espagnole* de Klapisch. Elle comptait sur l'arrivée de ces jeunes, qui le jour venu serviraient à fomenter le putsch contre moi, au côté des élus qu'elle contrôle, Pierre Ferrari, secrétaire national du MJS, David Noël, le secrétaire de la section communiste, Sandy Soudet, une jeune militante belge du PC qu'on ne reverra quasiment jamais mais qui percevra son indemnité d'élue déléguée.

Un dîner au Lensotel, à Vendin-le-Vieil, réunit Percheron, Dominique Dupilet, le président du conseil général, JPK, Guy Delcourt, le député-maire de Lens, Serge Janquin, premier secrétaire de la fédération et député de Bruay, M.-N. Lienemann et moi. Un dîner de cons ? En tout cas, un dîner qui va permettre d'avaliser les accords. Chacun y va de son compliment, Gérard tu vas être réélu brillamment, on va travailler avec Marie-Noëlle qui sera la première adjointe – et c'est tout, il n'est pas question d'un poste à la communauté d'agglomération –, on reparle de financement, discrètement – et pour cause, on est au restaurant. Lienemann, qui est déjà allée voir Darchicourt, nous dit : « Attention, il menace de faire sa liste. » Elle prépare le deuxième tour et aime faire courir les rumeurs. Mais l'un des convives dit : « De toute façon, il ne sera pas candidat, entre ce que Gérard sait sur lui et ce que je sais sur lui, l'EPDAEAH (Établissement public départemental d'accueil de l'enfance et de l'adolescence handicapées) du Pas-de-Calais, les beaux emplois fictifs quand il était maire, l'enrichissement personnel, sa maison, etc., on en connaît assez pour le faire taire. » M.-N. Lienemann, dépitée, remet le nez dans son assiette et recommence à manger. Effectivement, Darchicourt ne montrera pas une seule fois le bout de son nez pendant toute la campagne municipale.

La campagne se termine par une sorte de grand-messe à Hénin-Beaumont, avec les premiers secrétaires fédéraux du PS, du MRC et du PC et le soutien du PRG, en présence de la presse. Lienemann et moi, nous nous affichons partout ; on ne peut pas se supporter, mais on se donne rendez-vous pour faire le marché ensemble, on s'embrasse devant les caméras et les appareils photo, une fois que les médias sont partis, elle repart, de toute façon elle est très rarement présente à Hénin-Beaumont. Face aux habitants, face aux journalistes, elle prend la posture de la « candidate-qui-va-sauver-Hénin-et-le-PS-face-à-Marine-Le-Pen ». Elle fait son baratin.

Ma liste « Une ville pour tous » réalise un très beau score au premier tour, le 9 mars (43 %) ; les plans de Lienemann sont déjoués. Au deuxième tour, le 16 mars, le désistement républicain ne s'est pas fait en ma faveur, une fois de plus. Avec 52 %, notre succès est confirmé ; nous avons vingt-sept élus, le FN en a cinq, et l'opposition de gauche trois, Christine Coget, Daniel Duquenne et Georges Bouquillon.

Cette opposition de gauche, assemblage hétéroclite, réunit la carpe et le lapin : Daniel Duquenne, secrétaire de la section locale du PS, Georges Bouquillon, ancien responsable du Mouvement des citoyens de Jean-Pierre Chevènement, mon ancien adjoint à la culture, qui occupait déjà ces fonctions à l'ère Darchicourt ; Christine Coget, ex-PS passée au MoDem de Bayrou. J'apprendrai, peu de temps après l'élection, que ces trois lascars avaient accepté de dîner avec le diable : une rencontre a effectivement réuni Duquenne, Coget, le PRG Éric

Mouton et Marine Le Pen. Leur programme n'était pas « Hénin-Beaumont au cœur », mais « Tout sauf Dalongeville ». Ils maintiendront cette alliance préférentielle tout au long du mandat ; je serai toujours étonné de voir ces trois pieds nickelés, lors des votes, regarder du côté du FN, se concerter avec l'extrême-droite pour savoir comment voter.

Je suis réélu maire, et aussitôt après, les manœuvres habituelles reprennent. M.-N. Lienemann entreprend de jouer son va-tout au quatrième tour de l'élection municipale. Elle compte sur l'appui de David Noël, secrétaire de la section communiste d'Hénin-Beaumont, et de Pierre Ferrari, du MJS. Comme elle n'a pas la majorité en interne, comme elle est peu présente et peu efficace, la prise de contrôle qu'elle vise ne peut pas se faire par des voies normales : un vote au sein du conseil municipal la mettrait en minorité. Elle utilisera donc la voie des manipulations pour déstabiliser la majorité municipale socialiste, avec le soutien de Martine Aubry, qui compte, à travers ma chute, entraîner celle de Kucheida et Percheron.

Pendant tout le mandat, la première adjointe sera remarquablement absente d'Hénin-Beaumont – n'oublions pas que cette adepte du non-cumul est également députée européenne et vice-présidente de la région. Bras armé de Martine

Aubry, elle sera l'instigatrice de tous les coups tordus, pilotera Duquenne dans ses réunions avec le FN.

L'histoire du (court) passage de M.-N. Lienemann à Hénin-Beaumont se terminera… au commissariat de Béthune, le 14 juin 2010. J'y serai entendu, comme elle, au sujet de l'emploi fictif de son collaborateur Alexandre Cousin.

Expliquons comment on en est arrivé là. Quelques temps après l'élection, en avril ou mai 2008, M.-N. Lienemann demande à me voir, nous déjeunons ensemble dans la zone commerciale d'Hénin-Beaumont, au Bureau. Elle me dit : « Tu comprends, je suis député européenne, vice-présidente de la région, je ne suis pas ici souvent, j'ai besoin de quelqu'un à Hénin-Beaumont. » Cela ne me choque pas et je lui explique que, vu le budget de la ville, je peux prendre quelqu'un au grade d'agent administratif, pas plus. Ce collaborateur, c'est Alexandre Cousin, que Lienemann avait d'ailleurs tenté de faire entrer sur la liste municipale, alors qu'il n'avait aucune adresse à Hénin-Beaumont. Il sera candidat écologiste aux cantonales en 2011 sur le canton d'Arras sud – comme quoi ses attaches héninoises n'étaient pas si fortes…

Voilà le jeune Cousin embauché par la mairie en juin 2008. Je le croise de temps en temps, mais je ne peux pas savoir s'il est là à 8 heures le matin, s'il

2008-2009 : un mandat interrompu

est présent l'après-midi, s'il travaille effectivement, etc. Mais Hénin-Beaumont est une petite ville, et des bruits circulent. Un jour, Chruszez, qui préside le groupe socialiste à la mairie, me dit : « Le collaborateur de Lienemann est un emploi fictif, il n'est jamais là, on va avoir des ennuis, en plus il fait la campagne des motions en vue du congrès de Reims (pour lequel Lienemann a fait alliance avec Benoît Hamon), il fait le tour de France avec elle, il lui organise ses rendez-vous, on le voit quasiment dans tous les départements du pays sauf dans le Pas-de-Calais... » Chruszez doit en rajouter un peu pour plomber Lienemann. Je l'appelle, elle vient dans mon bureau, je lui explique ce que Chruszez m'a raconté, que son collaborateur n'est jamais présent en mairie, qu'il est partout sauf à Hénin-Beaumont, que les gens jasent, que c'est un emploi fictif. Et elle de me répondre que ce n'est pas vrai, que ce ne sont que des mensonges, que c'est encore un coup de Jacques Mellick... « On a un arrangement ensemble, tu m'as donné ton accord. » Elle s'en va, claque la porte, puis revient et me tend son téléphone portable : au bout du fil, c'est Martine Aubry, qui me dit : « On continue temporairement, on a besoin de Marie-Noëlle, alors garde Cousin quelques semaines, on trouvera une solution... »

On voit donc que, pour conserver l'emploi de son collaborateur, M.-N. Lienemann a fait donner les grandes orgues ; elle est remontée jusqu'au sommet du PS, et a fait intervenir celle qui, quelques mois plus tard, en novembre, sera la première secrétaire du PS. Alors que je souhaitais y mettre un terme, c'est à la demande et avec la caution de Martine Aubry que l'affaire a continué.

Nous nous quittons là-dessus, et je pense à ce moment que l'histoire va en rester là. Mais, en juin 2010, me voilà convoqué au commissariat, comme Marie-Noëlle Lienemann et Alexandre Cousin, d'abord chacun dans un bureau, puis ensemble pour la confrontation. Cousin est soupçonné d'avoir perçu un double traitement en 2008, à la mairie d'Hénin-Beaumont en tant qu'agent administratif sous autorité directe de la première adjointe, en CDD du 1er juin au 15 novembre, alors qu'il émargeait en même temps en tant que collaborateur de la députée européenne. De plus la réalité de son emploi en mairie est mise en cause : c'est un emploi fictif du PS ? Il sert Lienemann et Solferino.

Mon avocat est Didier Cattoir, l'avocat du PS, de Mellick – qui ne porte pas Lienemann dans son cœur. Cattoir me dit : « Tu ne peux pas reconnaître que c'est un emploi fictif, on ne peut pas à cause du parti. » Dans sa grande loyauté et son extrême générosité, il m'annonce qu'il ne peut pas m'accompagner, puisqu'on sait qu'il s'agit d'un emploi fictif. La chose est vraiment extraordinaire : le jour où je suis convoqué, il ferme son cabinet, tous sont officiellement en formation, personne ne peut répondre au téléphone. J'arrive donc au commissariat de Béthune, on me demande si je veux être assisté d'un avocat, je donne le nom de Cattoir, les policiers l'appellent. Au cabinet, personne ne répond ; son portable ne répond pas non plus. Les policiers de Béthune appellent le commissariat le plus proche pour qu'un agent se rende sur place : il sonne à la porte du cabinet, frappe, attend. Il n'y a personne. Il laisse alors un courrier officiel pour attester de sa visite et constater l'absence de l'avocat. On commencera donc la garde-à-vue sans avocat. Quel hasard étonnant, il fallait que la journée de formation de Cattoir tombe précisément ce jour-là ! Ce n'est vraiment pas de chance. Mais, ainsi, le PS ne sera pas mis en cause dans cette histoire d'emploi fictif.

Pendant ma garde-à-vue, je couvre Lienemann autant que je peux, je déclare qu'il me paraissait utile qu'elle ait un collaborateur à Hénin-Beaumont, qu'effectivement je croisais Cousin en mairie... La garde-à-vue se prolonge, puis vient le temps de la confrontation.

Lors de la confrontation, les deux capitaines de police, sous l'autorité du commandant Meurant, nous interrogent tous les trois, et chacun maintient ses déclarations. C'est alors que, de la même manière que Kucheida ressentira en 2011 le besoin de répondre à une question qu'on ne lui pose pas et niera toute relation avec Guy Mollet, il faut que Lienemann en rajoute. Elle dit aux policiers : « Vous savez que je suis une ancienne ministre du Logement, c'est la raison pour laquelle le maire m'avait confié des dossiers sur le logement, l'habitat insalubre, des dossiers sur lesquels Alexandre Cousin avait justement travaillé. » Aussitôt, le commandant : « Alors, il doit y avoir des rapports, des comptes rendus. » Un grand blanc. Un ange passe. Lienemann bredouille qu'en quittant la mairie, elle n'a rien gardé. Et tout le monde de se retourner vers le collaborateur, penaud : « J'avais tous mes dossiers sur mon ordinateur, mais on me l'a volé. » Pas de chance, décidément.

L'affaire sera classée sans suite.

***

Ce mandat municipal débuté en mars 2008 durera finalement peu de temps, et se terminera dans la douleur.

Le lundi 6 avril 2009 a lieu une séance du conseil municipal particulièrement houleuse, dont je ne sais pas qu'elle est la dernière pour cette équipe. Je retire la délégation de M.-N. Lienemann. Lienemann, très fâchée, clame alors devant tout le monde : « Mes amis du ministère de l'Intérieur ne te lâcheront pas ». Et le lendemain, je serai mis en garde-à-vue. Là encore, quelle coïncidence malheureuse.

En coulisses, Lienemann a le soutien de Martine Aubry et de Catherine Génisson, première secrétaire fédérale du PS du Pas-de-Calais. Lienemann distribue un tract signé par Catherine Génisson ; de mon côté, la décision de retrait de la délégation est approuvée par Percheron (qui en a ras-le-bol de « l'ancienne-ministre-du-Logement », comme elle ne cesse de le rappeler à tout propos), par Kucheida, par Mellick. Chruszez, président du groupe majoritaire et secrétaire de la section locale du PS, apporte aussi son soutien à cette mesure de rétorsion et pilote l'opération : Lienemann s'est servie d'Hénin-Beaumont et des élections municipales pour servir ses ambitions personnelles, elle n'apporte rien à la ville, elle n'est jamais présente. Je reçois également le soutien de Jean-Marie Alexandre, président du Mouvement républicain et citoyen (MRC, le parti de Jean-Pierre Chevènement) du Pas-de-Calais. Jacques Mellick m'appellera le 6 au soir, pour savoir comment le vote s'est déroulé ; Boczko m'appellera aussi. On se dit qu'il fallait y passer, que c'était douloureux, mais qu'il fallait régler les choses avec Lienemann.

Après le conseil, nous nous retrouvons pour dîner ensemble au Courtepaille avec Nathalie et quelques adjoints proches et leurs conjoints, avec Rachid Lasri, le directeur de cabinet de Jean-Pierre Corbisez, qui a remplacé Facon à la présidence de la communauté d'agglomération, ou encore Annick Genty, membre du bureau fédéral du PS. Le dernier repas du Christ.

Une période de ma vie se clôt ; une autre commence.

Chapitre VII
D'Hénin-Beaumont à Longuenesse

Le mardi 7 avril au matin, à 6h10, je suis réveillé par le SRPJ de Lille. La police perquisitionne chez moi, puis me place en garde-à-vue. Il y a là le commandant Meurant et six ou huit policiers. Cela vous tombe dessus brutalement. Une dizaine de policiers investissent la maison, tout est retourné, fouillé. Votre vie entière est mise à nue, dévoilée, scrutée.

On me rappelle mes droits : « Vous pouvez faire appel à un avocat. » Je ne sais pas encore à quel point le choix de mon avocat sera déterminant pour tout ce qui va se passer dans les mois qui suivent et pour la manière dont je vais me défendre face à ce qui m'est reproché.

Comme la plupart des Français, je n'ai pas d'avocat. Une idée me traverse l'esprit : j'ai rencontré à plusieurs reprises Didier Cattoir, l'avocat du PS, l'avocat de Jacques Mellick. Il m'a d'ailleurs été présenté par Mellick et Chruszez, nous avons eu plusieurs occasions de déjeuner ensemble. Nous avons en particulier travaillé sur plusieurs dossiers administratifs d'Hénin, pendant des heures, notamment pour défendre la ville devant le tribunal administratif. Cattoir a également préparé le dossier de défense de la ville devant la Chambre régionale des comptes et devant le préfet du Pas-de-Calais, il connaît bien la ville et le contexte administratif et politique. Dans une situation comme celle-là, vous pensez d'abord à faire appel à l'avocat qui vous suit depuis plusieurs années. Cattoir et moi, on se connaît sans vraiment se connaître, il s'occupe davantage de droit administratif que de droit pénal, mais je n'ai aucun autre nom en tête, je n'ai pas d'ami avocat. Le commandant de police appelle devant moi Cattoir, dont le téléphone portable est sur répondeur – il est bien tôt, ce matin –, et lui laisse un message : « Gérard Dalongeville est placé en garde-à-vue, il souhaite votre présence. » L'avocat arrivera beaucoup plus tard, le temps de prendre connaissance du message et de faire la route jusqu'à mon domicile.

Cattoir arrive finalement, demande à s'entretenir avec son client. Nous voilà, faute de mieux, à discuter dans ma salle-de-bains, le seul endroit de la maison où nous puissions parler tranquillement.

On discute un quart d'heure, pas plus, vingt minutes au maximum. Cattoir est catégorique, entre la baignoire et le lavabo : « C'est clair, c'est une affaire politique. Ce n'est pas toi qui es visé en particulier. Ça te tombe dessus, c'est tout. On va essayer de voir ce qu'il y a derrière tout ça. Pour le moment, on adopte le *black-out*, tu ne réponds à rien, et moi je vais aux infos. La garde-à-vue devrait logiquement te conduire au commissariat et devant le juge d'instruction, je t'accompagnerai et je t'assisterai, pas de problème. »

Je ne vais pas revoir mon avocat de la journée, je le revois seulement le 8 avril au commissariat de Lens, et ensuite le 9 au tribunal de grande instance de Béthune. Le 8, il me dit qu'il a appelé mon DGS, ils se sont retrouvés discrètement au café devant la mairie, pour savoir s'il y a eu une perquisition à la mairie, si la police a demandé des documents. Surtout, Cattoir a demandé avis auprès des ténors socialistes du Pas-de-Calais pour savoir quelle réaction il faut adopter.

Après une longue perquisition à mon domicile, vers 12h30 – 13 heures, la PJ me conduit en mairie et perquisitionne mon bureau. M. Roy, vice-procureur de la République du tribunal de grande instance de Béthune est présent. J'aurai juste le droit de voir mon médecin traitant dans l'après-midi, le Dr Bourel. Tous les dossiers sont examinés, puis la police s'intéresse surtout au coffre-fort qui se trouve dans mon bureau, près du buste de Jean Jaurès.

Cette perquisition de la PJ se déroule deux jours après le dimanche 7 avril, le jour où j'ai croisé Duberger qui venait déposer des billets dans le coffre. Si je sais ce qu'il y a chez moi, je ne sais pas du tout ce qu'il y a dans le coffre à la mairie, dont je n'ai pas les clés et dont je ne me sers pas. Je sais bien que des sommes d'argent liquide y sont entreposées pour le PS, d'autant que j'ai croisé Duberger peu de temps auparavant, mais peut-être Chopin ou lui a-t-il retiré l'argent entre-temps... Je suis dans l'incertitude, tendu. Pas un centimètre de mon bureau n'échappe à la perquisition. On ne trouve pas de clés, on appelle un serrurier, le coffre est forcé... et on trouve 13 000 euros en billets de 100 et 500 euros, répartis dans deux enveloppes. Les policiers auraient pu tomber sur 5 000, 10 000 ou 30 000 euros ! On ne retrouvera pas mes empreintes sur les billets, mais sur les enveloppes, des enveloppes de la ville qui avaient sûrement été prises sur mon bureau. Comment serait-il possible de toucher 13 000 euros en billets sans y mettre d'empreintes ? Peut-être avec le nez ou avec des pinces ? Un peu de sérieux ! On me demande ce qu'est cet argent, je réponds que je ne sais pas, je suis stupéfait. C'est vrai que je ne me suis jamais servi du coffre.

Alors que pas moins d'une dizaine de policiers effectuent la perquisition, on ne trouve pas les clés, pourtant, quelques jours après, comme par miracle, les clés vont réapparaître dans mon bureau ! Deux hommes possèdent les clés du coffre et celles de mon bureau, seulement deux : Chopin et Duberger. C'est une habitude : à chaque fois que je pars en vacances, Chopin s'occupe du courrier du maire, entre dans mon bureau. D'ailleurs, Chopin dira : depuis 2008, je ne suis plus premier adjoint, je n'ai plus de badge, je ne peux plus entrer en mairie. Mensonge ! Il a toujours un bureau en mairie en tant que président de la régie municipale des pompes funèbres, il a aussi une voiture de fonction, une Clio. Dire qu'il ne peut plus entrer en mairie, cela n'a pas de sens ; mais cela permet d'éviter qu'on ne s'intéresse à lui.

Une fois la perquisition en mairie terminée, on me conduit au commissariat de Lens, toujours sous le régime de garde-à-vue. Cela va durer 48 heures. Je suis placé au dépôt, dans une cellule en béton, on m'a retiré ma ceinture, mes lacets, mes lunettes. Ça crie, ça hurle, les toilettes sont infectes, les odeurs désagréables à la limite du supportable. Aujourd'hui encore, il est particulièrement difficile pour moi de repenser à tout cela.

On vient me chercher pour m'entendre : débutent alors de longues heures d'interrogatoire par les policiers de la PJ, dans un petit bureau, face à deux ou trois agents de police. On m'interroge sur les dossiers d'Hénin-Beaumont, certains que je connais, d'autres que je découvre, comme par exemple la vraie destination des avions-taxis. Les policiers soulignent la gravité de certains faits qui, si je ne suis pas plus bavard ou plus explicite, peuvent me conduire pour le moins vers une mise en examen, ou vers une incarcération si le parquet le juge nécessaire. Je suis mis en examen pour détournement de fonds publics, faux en écriture et favoritisme.

Mon avocat vient me voir. Il me dit que les soupçons de la police portent sur des affaires de surfacturations, de favoritisme, de détournement de fonds publics. Il s'agit de dossiers politiques, m'explique-t-il, il va falloir être fort dans l'épreuve, être le plus fort possible. « Ne réponds à rien, surtout. » Le PS applique le principe de précaution. C'est sur cette ligne que se situent les déclarations de Percheron, de Kucheida, de Delcourt dans *La Voix du Nord* : ils se disent totalement étrangers à ce qui m'arrive, il s'agit d'affaires strictement héninoises, ils ouvrent le parapluie, se protègent. Cattoir fait le lien entre eux et moi.

Il faut préciser qu'à cette époque, l'avocat n'était pas présent en garde-à-vue, son client n'avait le droit de le voir que trente minutes ; la situation est très différente aujourd'hui, depuis le vote de la loi d'avril 2011.

Après ces 48 heures de garde-à-vue, je suis transféré le jeudi 9 avril au tribunal de grande instance de Béthune, où l'attente est très longue. Cattoir passe quasiment la journée avec moi, nous pouvons discuter de la stratégie à adopter, je lui dis ce que j'ai pu répondre sur les dossiers que je connais. Il m'explique ce qui va se passer devant le juge d'instruction, me parle d'une possible détention provisoire très courte, il compte proposer que je sois hébergé dans les Vosges, loin du Pas-de-Calais.

C'est une première surprise pour moi : je pense que je vais pouvoir m'expliquer devant le juge d'instruction, que j'aurai l'occasion d'exposer mon point de vue, mais Cattoir m'en dissuade. « Non, surtout pas, ne dis rien, ne parle pas. Explique à la juge qu'après deux jours de garde-à-vue tu es fatigué, que tu n'es pas en mesure de répondre, et moi je vais proposer une mesure qui t'éloigne de la région. »

Nous nous retrouvons donc devant M. Seynave, juge des libertés et de la détention, qui préside la réunion, en présence de M. Roy, le vice-procureur, qui rappelle au nom du parquet ce qui vient de se passer, la perquisition à mon domicile et à la mairie, l'argent liquide trouvé dans le coffre, etc. Sa conclusion est qu'on ne peut pas me laisser en liberté, que le risque existe que je puisse détruire des preuves et exercer des pressions. Quant à moi, je déclare sincèrement qu'à partir du moment où deux perquisitions ont été effectuées, il n'y a plus rien à détruire… Cattoir propose un hébergement dans les Vosges, rappelle que l'incarcération doit rester l'exception.

Vient le moment de la délibération du juge des libertés et de la détention. L'attente est longue, très longue ; Cattoir m'enjoint de rester confiant. Il m'apprend également que la procureure de Béthune a tenu une conférence de presse où elle a évoqué le dossier. Elle a parlé de l'argent liquide trouvé dans le coffre, pour elle les enveloppes trouvées dans le coffre de mon bureau ne peuvent être que des pots-de-vin, la preuve d'un financement occulte ou de fausses factures. Elle déclare qu'il est possible que 4 millions d'euros de factures soient concernés, que les services de la police et de la justice sont en train d'enquêter. L'information qui a été donnée est celle-là : il y aurait 4 millions d'euros de fausses factures. À partir de là, les imaginations déraillent et les scénarios les plus abracadabrants sont échafaudés. Au terme de l'enquête, on reviendra à un montant largement inférieur à celui-là.

Nous revenons dans le bureau du juge des libertés et de la détention qui, accompagné par la PJ, annonce mon placement en détention provisoire. Pas facile de prendre ça dans la figure… Provisoire, qu'est-ce que cela signifie ? C'est le temps qui paraîtra nécessaire au juge d'instruction. Cattoir déclare aussitôt qu'il va faire appel de la décision de placement en détention provisoire et demander ma remise en liberté. On se quitte dans le couloir, et c'est à ce moment que vous prenez conscience qu'un autre univers s'ouvre à vous. Vous êtes vraiment seul. Je me retrouve avec les policiers de la PJ, nous attendons l'ordonnance signée du juge des libertés et de la détention. « Après, on va vous conduire. » Ces moments sont particulièrement durs. On redescend par l'endroit où on est arrivé, par le dépôt, j'aperçois au loin la meute de journalistes qui attendent à l'extérieur avec leurs appareils photo.

Je découvrirai plus tard les textes législatifs et réglementaires – notamment la loi Guigou – qui, dans notre pays, protègent les personnes mises en examen, qui assurent le respect de la dignité chacun, la présomption d'innocence : tout le contraire de ce qui se passe dans la réalité. Mais encore faut-il s'appeler DSK pour que les Français soient outrés qu'on puisse photographier un homme mal rasé avec les menottes aux poignets, encadré par des policiers… Il existe bien deux poids et deux mesures dans le traitement journalistique.

Je pense à mes enfants, à ma famille ; tout s'est passé si brutalement, comment vont-ils réagir ? Ils vont prendre ça dans la figure, entendre à la radio ce qui m'arrive. Antoine est en CM2, Guillaume est au lycée. J'ai repensé à un copain, Arnaud Delbarre, qui avait appris le suicide de son père à la radio, sur Europe 1. Un homme dynamique, plein d'initiatives, qui est aujourd'hui directeur de l'Olympia. Nous nous sommes connus au conseil régional, où il s'occupait des festivités, des animations, nous avions organisé des animations dans les quartiers.

La rapidité de l'information, c'est ce qui m'a traversé l'esprit en tout premier. J'ai pu quitter le palais de justice protégé, la PJ a fait son travail et m'a protégé de la meute des journalistes, m'a mis à l'abri des flashs. « Toutes les explications du monde ne justifieront pas que l'on ait pu livrer aux chiens l'honneur d'un homme », comme l'a dit François Mitterrand le 4 mai 1993, en hommage posthume à Pierre Bérégovoy, qui s'est suicidé.

J'apprends dans la voiture que notre destination est Longuenesse, au sud de Saint-Omer. C'est pour moi le deuxième choc : ce soir, je vais dormir en maison d'arrêt.

Je tiens à souligner le professionnalisme des hommes de la PJ que j'ai pu rencontrer dans cette affaire. Je n'en ai jamais voulu à personne, chacun fait son travail. M. Meurant, le commandant de la PJ, a été d'une rare humanité, un grand professionnel, un de ces hommes qui ne se laissent impressionner ni par le statut d'élu, ni par la pitié, ni par la détresse. Ce policier rigoureux, respectueux, s'est également montré très humain avec ma compagne et avec ma mère, qui ont aussi été entendues.

À ce moment, vous arrivez en prison. La prison, il n'y a pas d'autre mot. Cela fait maintenant soixante-douze heures que je n'ai pas pris une douche, je porte les mêmes vêtements et je n'ai quasiment rien mangé depuis trois jours. Je suis accueilli à Longuenesse à une heure assez tardive. On contrôle mon identité, j'ai droit à une fouille intégrale, épreuve particulièrement terrible à supporter. On me donne mon paquetage, qui se réduit au strict minimum. J'arrive sans rien, pas comme dans les films américains où le héros a eu la possibilité de préparer son sac, avec ses affaires de toilette et son poste de radio. Dans le paquetage, je trouve une paire de chaussettes, un slip, un T-shirt, une serviette de toilette, et c'est tout. Vu mon heure tardive d'arrivée, il n'est plus possible de prendre une douche avant de rejoindre ma cellule, je prends donc ma première douche à l'accueil. On m'accompagne ensuite dans une cellule, seul. Pour la première nuit, je suis tellement crevé que j'ai envie de dormir. Ça crie, ça gueule toute la nuit. Je découvre l'univers carcéral, je pense à ma famille, à mes enfants. On est dans la survie, on se dit que ça ne va pas durer, que la détention va, comme le nom l'indique, rester provisoire. Je me répète ce que m'a dit Cattoir : ils ont voulu marquer le coup avec moi, frapper les esprits en sortant ce dossier. Mon avocat travaille à me faire libérer, il va faire un recours, présenter une demande de remise en liberté. Je me raccroche à tout ce qui représente une parcelle d'espoir.

Le lendemain, réveil à 7 heures. Une surveillante entre dans ma cellule, me dit que je peux prendre une douche, m'accompagne en bas. On remonte, elle m'explique le déroulement du petit déjeuner : on nous distribue un sachet de poudre chocolatée tous les deux ou trois jours, mais il faut une casserole et un réchaud pour faire chauffer de l'eau, et moi je n'ai rien de tout cela. Par conséquent, ma grève de la faim forcée continue. De même, on me donne de la confiture, mais pas de pain, car il a été distribué la veille.

Les surveillants remplissent une fonction ingrate : la plupart d'entre eux sont des personnes humaines, certains ont fait le maximum pour me trouver une bouteille d'eau et un bout de pain. C'est la situation de tout le monde, comme je le constaterai par la suite, car j'aurai l'occasion avec le temps de voir d'autres arrivées. À part quelques crétins qui ont la réputation d'être de véritables matons, avec tout ce que cela signifie, la très grande majorité des surveillants sont des professionnels, qui font leur travail jour après jour avec humanité, qui ne se laissent pas accabler par les difficultés des détenus au quotidien, et qui sont parfois victimes d'agressions. Des gens bien.

Dans la matinée, on me conduit au bureau du directeur adjoint de la prison, M. Hazard, accompagné du capitaine de détention, M. Rodriguez. Tous les deux m'expliquent le fonctionnement de la prison, la visite médicale obligatoire, le courrier (toutes les lettres que j'enverrai seront transmises à la juge d'instruction, toutes celles que je recevrai seront également lues par elle), la cantine (je suis arrivé avec dix euros en poche, mais les achats ont lieu le lundi, et moi je suis arrivé en milieu de semaine...). « On vous conseille de demander d'être à l'isolement, plutôt que d'être dans une cellule normale, car il y a eu une forte communication autour de votre affaire, vous allez être sollicité sans arrêt. » C'est aussi une raison de sécurité publique : ils ne veulent pas le bazar dans la prison. Convaincu, j'écris la lettre par laquelle je demande le placement à l'isolement. Dès le lendemain, je retraverse tout l'établissement pour être installé au « QI », au quartier d'isolement. Il occupe tout un niveau de la maison d'arrêt, une quinzaine de cellules regroupées dans un étage. En dessous, c'est le quartier disciplinaire. Le quartier VIP n'existe pas à Longuenesse, et le quartier d'isolement – au-delà du fait, difficile à supporter, d'être seul – se situe juste au-dessus des détenus qui ont agressé un surveillant ou un autre détenu, qui ont mis le feu à leur cellule... Toute la nuit, je les entends, juste en dessous de ma cellule, taper dans les murs, crier, hurler.... On est loin d'être dans un quartier VIP.

On me dit : « Vous avez la possibilité de rencontrer les services sociaux ». Les services sociaux, ah bon ? Je n'en vois tout d'abord pas l'intérêt. En fait, les services sociaux ont le droit d'entrer en contact avec la famille, juste pour dire : il est encore vivant, il est toujours là, il vous passe le bonjour... Ils ne peuvent se limiter qu'à ce type de messages ; pas question de transmettre des phrases sibyllines telles que « *Les sanglots longs des violons de l'automne blessent mon cœur d'une langueur monotone* »...

Dans les jours qui suivent, on m'explique aussi que si on est catholique, musulman ou juif, il est possible de rencontrer un aumônier, un imam ou un rabbin. Je peux faire une demande pour rencontrer un visiteur de prison, avec qui on peut discuter, échanger, mais qui n'a bien sûr la possibilité de faire aucun lien avec l'extérieur.

On m'explique comment faire pour manger, prendre une douche (seulement trois fois par semaine), cantiner, aller en promenade, emprunter un livre (la prison possède une bibliothèque, mais, puisque je suis à l'isolement, je ne peux pas y aller)... Je n'ai plus aucun contact avec l'extérieur.

Évidemment, on vous permet quand même de sortir, pour respirer et prendre l'air. C'est un espace d'environ 10 m², avec un grillage au-dessus. Nous sommes en effet à l'époque où ont eu lieu plusieurs évasions de prisonniers par hélicoptère : cela amène le ministère de la Justice à renforcer les grillages, ce qui me vaudra, pendant toute la durée de ma détention, de bruyants travaux.

À l'isolement, on est seul. Tout seul.

Je découvre que, selon les surveillants, il est parfois possible de prendre une douche tous les jours. Je découvre aussi qu'en prison tout se paye : le réchaud, la télévision.

Mon premier café, ce sera du faux Ricoré, avec l'eau chaude du robinet. Désormais, j'attendrai avec impatience d'être extrait de ma cellule pour aller voir la juge : c'est aussi l'occasion de prendre un vrai café avec mon avocat.

Je demande à rencontrer l'aumônier et un visiteur de prison. Voir le visiteur de prison me permettra de rencontrer quelqu'un le vendredi matin,

Jean-Louis Pierreuse. C'est à cela que l'on peut mesurer l'isolement de la prison : je n'ai droit qu'à une discussion d'une demi-heure, on parle de choses et d'autres. Le mercredi, je rencontre aussi l'aumônier, Roger Vernier, qui, lui, peut se rendre dans la cellule des détenus. Deux hommes remarquables d'humanité. Ils m'auront évité le pire.

Qu'est-ce que je me suis dit, pendant tous ces jours, qui sont devenus des semaines et même des mois ? Je m'en fous, ça ne va pas durer. Je n'ai pas faim. Cantiner ou pas, je m'en moque. Je n'ai pas l'intention de prendre contact avec qui que ce soit, puisque ma présence ici est seulement provisoire.

On vient me dire : « Parloir ». Un seul mot, lapidaire ; en prison, on ne fait pas de phrases avec un sujet, un verbe conjugué, des compléments. Le langage n'a qu'une fonction d'information, brute, désincarnée. Mon seul parloir, ce sera, tout au long de ces mois, mon avocat. On m'amène au parloir, je suis fouillé avant et après.

Didier Cattoir me dit qu'il a fait appel de la décision du juge des libertés et de la détention, que la décision de m'emprisonner est scandaleuse. Il a pris contact avec ma mère, qui a écrit une lettre au juge pour proposer mon hébergement dans les Vosges. Pourquoi les Vosges ? Pour répondre à l'avance aux soupçons, je précise que je n'y ai aucune résidence secondaire, que j'aurais acquise après mon arrivée à la mairie d'Hénin-Beaumont ! La réalité est beaucoup plus simple : le concubin de ma mère était propriétaire d'une maison dans cette région, qu'il avait fait construire dans les années 1970-80. Cattoir me donne des nouvelles de tout le monde, de ma compagne Nathalie, de ma famille... « Tes enfants t'embrassent, ton frère, ta sœur... On va venir t'apporter des vêtements... » C'est dur, très dur d'entendre ça.

« Ils ont tous fait une demande de visite au juge d'instruction, je m'en occupe, tu vas avoir la visite des tiens très bientôt. Compte sur moi. » Cattoir sera toujours très présent, d'une grande humanité. Il est, lui aussi, un frère, membre du Grand Orient de France. Un homme petit, rondouillard, avec de petits yeux pervers ; avec ses petits lunettes en permanence au bout de son nez, il regarde toujours ses interlocuteurs par-dessus ses lunettes. Il est souriant, agréable en apparence, mais possède en réalité un esprit fourbe. Grand manipulateur, il est passé maître dans l'art de prêcher le faux pour savoir le vrai. Avocat « officiel » du PS, c'est un grand ami de Jacques Mellick. Tout au long de cette affaire, il sera toujours critique vis-à-vis de la juge d'instruction, jamais constructif. Parfois même vulgaire.

On en arrive vite à une autre discussion : la stratégie politique. La PJ m'a posé beaucoup de questions. Y a-t-il eu des surfacturations, des détournements ? Est-ce que c'est pour financer le PS ? Quels sont vos liens avec Kucheida, Percheron, vos liens avec le PS… ? Et moi, niant toujours, rejetant toutes les accusations, ne lâchant rien sur les billets découverts dans le coffre, affirmant qu'il n'y a aucun lien à chercher ni à trouver avec le parti. Je vais rester muet ; un long silence qui va durer tout le (long) temps de ma détention provisoire.

Cattoir a eu accès à mon dossier, il a vu mes déclarations, en a parlé à qui de droit – c'est-à-dire Kucheida, Percheron, Mellick. « Il faut rester sur cette ligne, tenir bon. Tes élus en mairie sont solidaires, ça ne devrait pas durer. » Il a téléphoné aux uns et aux autres, expliqué que je n'avais rien lâché, rien dit, que je n'avais pas craqué devant la PJ ni devant le juge.

Ce qui est le plus dur, dans cette période, c'est d'être séparé de sa famille. On craque sur le plan familial, personnel. Entendre ces mots : « tes enfants t'embrassent » déclenche en moi une douleur quasiment impossible à décrire. Pour le reste, je suis capable de surmonter beaucoup de choses, mais être privé de la présence, de l'affection des siens, c'est le plus difficile à vivre. Pas de petite main à serrer, pas d'épaule où poser sa tête, pas de discussion possible. Pas possible de dire : « Comment s'est passée ta journée ? », « Alors, c'était bien l'école, le football ? »…

Le provisoire va durer huit mois, du 9 avril au 19 novembre 2009. Sans un seul permis de visite. Huit mois dans une cellule sale, à la puanteur insupportable, où l'on n'a rien d'autre à faire que lire ou regarder la télévision.

Pendant ces huit mois, je passerai par des moments d'espoir et de désespoir, des moments de haut et bas.

Comme un signe du destin, un mauvais signe, je tombe par hasard à la télévision sur un reportage consacré à Pierre Bérégovoy, qui s'est suicidé le 1er mai 1993 après un lynchage médiatique, puis à nouveau sur un téléfilm évoquant la figure de Roger Salengro, qui, ne supportant plus les calomnies, s'était lui aussi suicidé, le 18 mai 1936.

J'apprends aussi, avec douleur, le suicide en détention de Jacques Bouille, maire de Saint-Cyprien, le 24 mai 2009.

Passant de la déprime à la dépression, je tente un soir de me suicider. J'avale d'un coup tous les cachets, calmants, tranquillisants que j'avais mis de côté. Peine perdue ! Je me suis réveillé le lendemain, sans aucun effet. J'ai vu un psychiatre, des médecins, et, un jour, je me suis dit que les miens étaient plus importants que mon désespoir.

Chapitre VIII
Emprisonné, suspendu, révoqué

Si la vie en prison est difficile, un nouveau coup m'est porté le 2 mai : on vient me notifier à 21 h la suspension de mon mandat de maire. C'est ma propre suspension qu'on vient me faire signer ! Je trouve qu'on en rajoute : c'est du harcèlement. Je lis, éberlué : « Le ministère de l'Intérieur arrête… » Il y a trois articles au plus. L'arrêté a été pris le 27 avril 2009, publié le 2 mai 2009 au *Journal officiel*. Sans être un grand spécialiste du droit administratif, cette décision ne me paraît pas motivée. C'est une décision grave, et je refuse de signer la déclaration de notification. Cattoir, qui vient me voir quelques jours plus tard, est d'accord avec moi et se propose d'attaquer l'arrêté du ministère de l'Intérieur devant le tribunal administratif de Lille. Pour me défendre contre cette décision, exposer les raisons qui ne justifient pas qu'on me suspende, et encore moins qu'on me révoque, il évoquera notamment le « dossier disparu ». De quoi s'agit-il ? Quelques mois plus tôt, au premier trimestre de 2009, Cattoir et le DGS d'Hénin-Beaumont avaient constitué un dossier pour défendre la ville, sur la situation budgétaire, le redressement financier... Ce dossier a été transmis en deux exemplaires, remis en main propre : un au cabinet du préfet du Pas-de-Calais et un à la Chambre régionale des comptes, avec copie au receveur municipal et copie au trésorier-payeur général. Or, personne n'en a la trace... Un dossier ne peut pas se volatiliser comme ça ! Le DGS d'Hénin, Philippe Thibaut, était à mes côtés quand le dossier a été déposé en préfecture ; l'huissier a dû avoir un oubli.

Je suis persuadé qu'on se trouve ici à la croisée de plusieurs stratégies politiques, dont l'intersection est constituée par moi-même, par la mairie d'Hénin-Beaumont. Il y a d'un côté un règlement de comptes d'Aubry et Lienemann contre Percheron et Kucheida, à travers moi, avec à l'intérieur du PS le soutien de gens qui veulent être calife à la place du calife. Il y a de l'autre côté le rôle du préfet du Pas-de-Calais, Pierre de Bousquet de Florian. Comme l'écrivent Gérard Davet et Francis Lhomme dans *Sarko m'a tuer*, ce préfet était dans le collimateur du président de la République. Après avoir été viré de la DST dès le début du mandat de

Emprisonné, suspendu, révoqué

Sarkozy parce qu'il avait été nommé par Jacques Chirac, il s'est vu éjecter de la préfecture des Hauts-de-Seine parce qu'« on » lui reprochait d'entretenir de trop bonnes relations avec le président du conseil général Patrick Devedjian – devenu un ennemi de l'ancien maire de Neuilly – et, à l'inverse, d'entretenir de trop mauvaises relations avec les époux Balkany et Jean Sarkozy. Il a alors été muté, dégradation suprême, dans le Pas-de-Calais. « On » lui en voulut aussi d'être en très bons termes avec Dominique de Villepin, on le soupçonna d'être à l'origine de certaines fuites, de certaines informations dont Villepin aurait pu disposer dans l'affaire Clearstream. De ce fait, un bon nombre d'observateurs ont pensé que, pour se racheter, il pouvait être utile d'offrir sur un plateau la dépouille d'un maire PS, de révéler à l'opinion publique les dérives de la gestion du PS... Je pense que c'est une piste qui mérite d'être étudiée.

Je me retrouve donc isolé, dans tous les sens du terme. Comment se défendre dans de telles conditions ?

Le 20 octobre 2009, je gagnerai mon recours devant le tribunal administratif de Lille, puisqu'effectivement l'arrêté de suspension du 27 avril signé par la ministre de l'Intérieur, Michèle Alliot-Marie, n'était pas motivé. Le président de la République prendra ensuite un décret de révocation à mon encontre. Dans la foulée, j'ai aussi déposé, avec le conseil de maître Monod, un recours devant le Conseil d'État pour faire annuler ce décret de révocation pris par Nicolas Sarkozy. Au passage, il faut noter que le décret qui sera présenté en conseil d'État n'est pas le même que celui qui a été publié au *Journal officiel.* Troublant !

Mon recours auprès de la Cour européenne des droits de l'homme est toujours en cours.

Mais, compte tenu de la lenteur de la justice, quand l'arrêté ministériel est annulé, quand ma suspension est privée d'effet, entre-temps de nouvelles élections ont été organisées à Hénin-Beaumont !

Effectivement, M.-N. Lienemann n'a pas tardé pour organiser le cinquième tour des élections municipales. Elle n'a toujours pas digéré de s'être vu retirer sa délégation, et caresse encore l'espoir de devenir maire d'Hénin-Beaumont. À la suite de ce retrait de délégation, l'ordre du tableau a été modifié, un nouvel adjoint a été élu et le deuxième adjoint, Jean-Bernard Deshayes, devient le premier.

Ce cinquième tour sera le bon, mais pas pour Lienemann. Elle réussit pourtant à manipuler le conseil municipal d'Hénin, le PS, l'interne et l'externe : tout le monde va démissionner. Dès lors, le conseil municipal n'est plus réputé complet et ne peut pas siéger. Elle va voir les trois élus de l'opposition, Duquenne, Coget et Bouquillon, elle démarche aussi les élus sans étiquette, qui viennent de la société civile, auxquels elle promet qu'elle les prendra sur sa liste. Le 25 mai, les démissions sont enregistrées en mairie, au guichet, quasiment sur un coin de table à l'accueil de l'hôtel de ville. Tous apportent leurs démissions à la préfecture, qui étrangement reste ouverte le samedi, comme par un fait exprès, pour recevoir les démissions des élus, et un arrêté préfectoral organise l'élection partielle, prévue pour les 28 juin et 5 juillet.

Je dépose au tribunal administratif un recours en annulation de cette élection, car des « personnes n'ayant pas la qualité de conseillers municipaux dans l'ordre du tableau » ont démissionné illégalement le 25 mai. En effet, le Code électoral prévoit que la démission d'un conseiller municipal soit actée par le maire et, puisque le premier adjoint remplace le maire dans l'intégralité de ses fonctions, il appartient au premier adjoint d'accuser réception de la démission. Il y a des règles, dans notre République. Or, en l'occurrence, le 25 mai, les démissions se sont déroulées dans la précipitation, dans un climat non serein. Une démission accompagnée de pressions, de chantages, voire de promesses respecte-t-elle les règles du Code électoral ? On peut en douter. Le Code électoral prévoit une vraie procédure, on ne peut pas démissionner au guichet de la mairie, comme on le ferait au bistrot du coin. De plus, les démissions ont été actées par un agent de la ville responsable du service communication – ils auraient au moins pu prendre un agent du service des élections ou de l'état-civil, ou le DGS... L'opposition est accompagnée d'un huissier de justice pour constater les démissions ; et j'utiliserai ce fait dans mon recours : le procès-verbal de l'huissier doit effectivement mentionner que les démissions ont été prises à la va-vite par une personne qui n'a aucune légitimité, qui n'est pas élue.

Or, mon recours va se perdre... On me répondra qu'il y a prescription, puisque entre-temps les démissions ont été actées par la préfecture et que le préfet a déjà convoqué une nouvelle élection municipale. Peut-être même que les élections avaient déjà eu lieu quand j'ai reçu la réponse...

À ce moment-là, ma préoccupation, ce sont mes enfants, pas ma défense. Ce qui me tient à cœur, ce ne sont absolument pas mes intérêts de maire, et encore moins ces démissions, cette élection et mon recours.

En apprenant ces dernières péripéties, les démissions et l'organisation d'un nouveau scrutin, je me dis aussitôt que Cattoir a raison : ma mise en cause par la justice a une origine purement politique, l'organisation d'une élection partielle montre bien

Emprisonné, suspendu, révoqué

qu'il y a une stratégie derrière cette affaire, une stratégie qui vise à faire tomber le PS.

Ce cinquième tour électoral me sera fatal, mais il ne profitera pas à M.-N. Lienemann.

Si tout le monde a démissionné, si les électeurs sont à nouveau convoqués, en revanche un obstacle de taille surgit : tout le monde veut devenir maire, Daniel Duquenne, Marie-Noëlle Lienemann, Pierre Ferrari. Trop de candidats pour un seul fauteuil. La parachutée d'Athis-Mons plaide sa cause, elle avance qu'elle a tout organisé, qu'elle a mené la danse, elle est quand même ancienne ministre, elle siège au Parlement européen... Et là, réplique en pleine figure : « Mais t'as rien compris ! Tu n'as pas compris qu'on s'est servi de toi. Avec ta grande gueule, tes connaissances, ton réseau, tu as convoqué le préfet, les journalistes, parfait, c'est ce qu'on voulait. Mais tu n'es pas d'Hénin-Beaumont, tu as été parachutée, et aujourd'hui on n'a pas besoin de toi, l'élection va se passer entre Héninois et Beaumontois. » Fermez le ban !

Et voilà Lienemann flouée, dépitée, furieuse. L'affaire n'est pas réglée pour autant. Elle part avec pertes et fracas, hurle que c'est honteux, qu'ils vont finir par faire élire le FN avec toutes leurs embrouilles. Elle va voir Pierre Darchicourt ; ils se sont connus au PS quand ils étaient plus jeunes ; elle essaye de lui monter la tête : « Kucheida et

Percheron t'ont trahi, ils ont vomi sur toi, la fédération socialiste est pourrie, on va remettre de l'ordre dans tout ça avec Aubry, tu retrouveras l'héritage de ton père, etc. etc. » Darchicourt la reçoit une deuxième fois, et là, vlan : « Je vais faire ma liste, je n'ai pas besoin de toi. »

Sur la liste de l'ancien maire, figurent plusieurs noms bien connus : l'ancien directeur adjoint de la SAEMIC, Yves Debeaumont, plusieurs chefs d'entreprise « amis » de la ville à l'époque où Darchicourt était aux commandes, Alain Lalart, de la société Depelec (électricité), actionnaire de la SAEMIC, ou encore l'épouse de Christophe Masquelier (STPM, entreprise de travaux publics, liquidée en 2004)... Le réseau de la SAEMIC, des frères, des amis fidèles de Darchicourt, qui croient trouver avec cette élection municipale impromptue l'occasion de revenir enfin aux affaires. Un manque de scrupules que je trouve alors effarant, du fond de ma cellule : Darchicourt s'affiche avec tous les amis qui étaient actionnaires de la SAEMIC, qui ont construit sa maison... Sans gêne, sans scrupule et sans état d'âme.

À côté de la liste Darchicourt, se présente également une liste Duquenne, qui fait la rupture en voulant se présenter derrière un slogan « Alliance républicaine ». Pierre Ferrari, au nom du MJS, mène une autre liste avec Coget et Noël. Si le MJS tente de jouer à Hénin-Beaumont les tout premiers rôles, c'est que le Pas-de-Calais en constitue l'une des fédérations les plus importantes, la deuxième derrière la région parisienne, avec officiellement de 150 à 200 militants, dont 70 à Hénin-Beaumont. Le MJS est autonome vis-à-vis du PS, mais pas indépendant pour autant.

Quant à la fédération du PS, qui jusqu'alors soutenait Lienemann, le vent tourne : le vrai visage de l'ex-première adjointe est apparu, ainsi que sa (maigre) capacité à rassembler. Elle s'est révélée incapable de rassembler les républicains, la section socialiste, pas même mes anciens colistiers, ni même Darchicourt. Le PS décide de la lâcher, et sort de son chapeau Éric Mouton, mon adjoint aux affaires sociales jusqu'à ce que je mette fin à ses fonctions en 2005. Je lui reprochais une gestion « irrégulière » du CCAS, dont il était le vice-président et pour lequel il avait la délégation de signature. En effet, le CCAS fait habituellement intervenir des infirmiers et, alors que Mouton est par ailleurs infirmier libéral, il est intervenu lui-même et s'est fait rembourser ses frais d'infirmier par le CCAS. Je passe sur ses histoires d'adultère avec une secrétaire du CCAS, on en parlait beaucoup dans la ville – le mari trompé, furieux, a voulu le tabasser, au point que les deux hommes se sont retrouvés au commissariat. Pour toutes ces raisons, en 2005, je le fais venir dans mon bureau et lui demande de mettre fin à cette affaire au CCAS, il éclate en sanglots dans mon bureau. Je lui retire sa délégation. Le soir même, il déclarera à un journal qu'il a lui-même démissionné, prétextant des ennuis de santé. Voilà donc quel est le personnage, qui entre-temps a pris sa carte au PRG, investi par la fédération du PS. Le PRG comptant tout au plus quatre adhérents à Hénin-Beaumont, Mouton en représente 25 % à lui tout seul.

Le contexte de cette élection est donc un vrai bazar : le maire est en détention, pourtant les militants continuent à me soutenir, Lienemann est désavouée, rejetée par tous, la fédération PS du Pas-de-Calais se voit mal investir Darchicourt, mais ne sent pas trop Ferrari non plus, Marine Le Pen va arriver. La fédération socialiste ne peut pas me désavouer : Mellick, Percheron et Kucheida préfèrent ne pas choisir pour ou contre moi. Et le candidat socialiste investi, Mouton, déclare à France 3, juste après son investiture : « Je suis fier de moi ». Il vient juste d'être désigné, le maire a été emprisonné, il y a trois listes de gauche au moins, le danger d'une victoire du FN n'est pas à exclure, et le candidat du PS nous livre cette déclaration de haute volée... Il sera candidat 24 heures, pas plus, car le surlendemain il va se retirer face à l'immensité de la tâche, ne trouvant aucun accord avec les autres hommes de gauche. C'est Pierre Ferrari qui va être soutenu par le PS, par le maire de Lens, Guy Delcourt, notamment, mais pour autant pas investi.

Reste donc Daniel Duquenne, au nom de l'« Alliance républicaine ». Il ne veut plus s'associer avec personne. Christine Coget, qui a été élue avec Darchicourt et n'a pas été loin de passer de mon côté, il voit des traîtres partout, mais emmène quand même Georges Bouquillon, qui a été mon adjoint à la culture, ainsi que Jean-Marc Bureau, qui a lui aussi été mon adjoint. Leur liste est pseudo-indépendante du PS, car la tactique de la fédération est d'avoir deux fers au feu : Dalongeville couvre tout, on ne va pas ajouter encore à ses difficultés, on va laisser pourrir la situation, on verra bien plus tard.

Tout le monde va au combat.

Au premier tour, le 28 juin 2009, la liste du Front national arrive en tête avec 39,34 % des voix, soit plus que le score que prévoyait un sondage paru juste avant le scrutin dans *La Voix du Nord*. Duquenne vient juste derrière, avec seulement 20,2 %, suivi par Pierre Ferrari, 17 % (remarquons que la liste officielle du PS n'arrive qu'en troisième position !) et, loin derrière, Régine Calzia (Verts) est quatrième avec 8,52 %. Sans surprise, Darchicourt, l'ancien maire (1983-2001), est laminé (5,29 %). Face à une gauche complètement éclatée en quatre listes, le FN a remporté 800 voix de plus qu'en 2008. Le PS aurait fort bien pu tourner la « page Dalongevilllle », rassembler pour reconstruire, monter un rassemblement républicain. Il n'en a rien été ! Les ego l'ont emporté sur la stratégie de reconstruction ; les élus de gauche se moquent bien d'Hénin-Beaumont, ne pensent qu'à eux. Dans un tel contexte et face à la menace du FN, il était totalement suicidaire, irresponsable, de se diviser en quatre listes.

Darchicourt discute, hésite à se maintenir ou pas, mais la pression est forte, du fait du score du FN. Il faudrait une fusion des listes de gauche : tout le monde pense qu'on pourrait trouver un accord entre Duquenne et Ferrari, mais Duquenne oppose une fin de non-recevoir, repoussant Ferrari : « Vous avez été élus avec Dalongeville ! » Duquenne a pourtant deux de mes adjoints sur sa liste... Très tard dans la nuit de lundi à mardi, entre le 29 et le 30 juin, Ferrari accepte de se retirer sans conditions, et Duquenne sera seul au second tour face au Front national. C'est l'union sacrée, le rassemblement républicain pour faire barrage au FN. Le 5 juillet 2009, Daniel Duquenne est élu par 52,38 % des voix, contre Steeve Briois qui obtient 47,62 %. La gauche obtient 27 sièges, le FN 8, soit trois sièges de plus par rapport au scrutin de 2008.

Le lendemain du scrutin, la fédération du MJS du Pas-de-Calais est mise sous tutelle par le bureau national du MJS ; aucune raison n'est donnée pour cette remise en ordre, mais c'est vraisemblablement une mesure de rétorsion contre Pierre Ferrari, qui a monté sa propre liste contre l'avis de la fédération PS du Pas-de-Calais.

Duquenne n'a pu obtenir le retrait de Ferrari sans lui avoir promis d'être associé après l'élection, de pouvoir participer aux commissions... Mais il n'en sera rien : une fois élu maire, Duquenne va fermer la porte à Noël, Coget, Ferrari et consorts, et gérer seul.

Daniel Duquenne a obtenu son heure de gloire : il est élu maire d'Hénin-Beaumont.

La stratégie de Duquenne a échappé à tout le monde. Ancien DGS de la ville d'Hénin-Beaumont, proche de Darchicourt (auquel il doit toute sa carrière dans la fonction publique territoriale : il est devenu attaché principal de la mairie d'Hénin-Beaumont sans avoir jamais passé un concours), très au courant du coffre et des réseaux de financement du PS depuis des années, il sait très bien ce qu'il va trouver. Il veut poursuivre les affaires et les combines du PS, continuer les mêmes dossiers, travailler avec les mêmes partenaires, faire fonctionner les réseaux de financement qui lui sont très bien connus. Chopin continue à hanter les couloirs de l'hôtel de ville d'Hénin-Beaumont, son épouse qui travaille en mairie est très protégée.

La fédération PS, de son côté, a réussi le coup de ne pas assassiner l'ancien maire, elle m'a soutenu implicitement, de façon cachée. Et, comme Duquenne occupe un poste de chargé de mission au sein du service tourisme au conseil régional, Percheron a barre sur lui : le président de la région le tient au chaud, le tient professionnellement. Au reste, pendant tout le (bref) mandat de Duquenne, personne ne m'attaque ouvertement, le nouveau maire reste très discret sur Darchicourt. Il ne tient évidemment pas à ouvrir la boîte de Pandore du financement du PS, car il sait très bien qu'il peut être rattrapé, comme Darchicourt. On parle du redressement financier de la ville, mais pas du reste.

Le mandat du nouveau maire sera court, car plusieurs actions en justice sont engagées. Depuis ma prison, je conteste l'élection de Duquenne en saisissant le tribunal administratif de Lille d'un recours en inéligibilité, car le Code électoral stipule que le mandat de maire est incompatible avec la fonction de chef de service ou chef de bureau au conseil régional : l'article 213.15 du Code électoral stipule que « les directeurs généraux, directeurs, directeurs-adjoints, chefs de service et adjoints au chef de service [...] des conseils régionaux » ne sont pas éligibles. Le Front national a également contesté le résultat de l'élection, pour « pressions sur les électeurs », car des tracts ont été distribués indiquant que si le Front national gagnait, l'État, la région et le département supprimeraient les subventions.

Finalement, alors que l'élection de Daniel Duquenne est sur le point d'être invalidée par le Conseil d'État, au motif que sa fonction au conseil régional est incompatible avec une présentation à une élection et donc avec le mandat de maire, il démissionne le 7 mai 2010, officiellement pour raisons de santé – il avait été atteint d'un accident vasculaire cérébral à l'automne 2009.

Duquenne ayant quitté son fauteuil de maire avant d'être invalidé, il n'y a pas de nouvelles élections, mais seulement une élection du maire au sein du conseil municipal. Le 25 mai 2010, le conseiller suivant sur la liste, le premier adjoint Eugène Binaisse, présenté par le groupe de Duquenne et seul candidat, est élu maire d'Hénin-Beaumont. Le FN, dénonçant cette mascarade et contestant la légitimité de Binaisse, ne présente aucun candidat.

La proclamation du résultat de l'élection de Binaisse est couverte par un brouhaha où se mêlent les applaudissements de ses partisans et les huées de ses détracteurs.

Chapitre IX
Huit mois d'enfer ont tout de même une fin

Pendant cette élection rocambolesque et fantasque, je suis toujours en prison, où le temps me paraît si long. Je réfléchis, je m'interroge, j'essaie de comprendre ce qui m'arrive. Quel est le chemin qui a amené la police et la justice à s'intéresser à mon cas ? À l'origine, il y a le rapport accablant de la Chambre régionale des comptes sur la gestion de la ville en 2008, qui pointe des irrégularités. Effectivement, les avions-taxis coûtent cher, la ville connaît des difficultés budgétaires, il doit être possible d'employer d'autres modes de transport... Sans plus. On s'intéresse aussi aux attributions de marchés publics. La Chambre régionale des comptes transmet donc son rapport à la justice – c'est d'ailleurs une procédure identique qui est en cours aujourd'hui : la Chambre régionale des comptes a transmis ses rapports sur la gestion d'Adévia, d'Épinorpa et de la Soginorpa, qui servent d'enquête préliminaire. Le parquet, en lisant ces rapports, considère qu'il existe des éléments concordants, qu'il est possible qu'il y ait eu des irrégularités, que des détournements de fonds peuvent être envisagés.

Le parquet de Béthune, à l'automne 2008, charge la PJ de Lille d'une enquête préliminaire. Quand le DGS me dit, à la fin de l'année 2008, qu'il a été contacté par le commandant Meurant, je demande à mes services de collaborer complètement, je demande à mon DGS, à mon directeur des affaires financières, de communiquer leurs dossiers. Ils reçoivent les policiers pendant plusieurs heures, faxent des documents concernant les marchés d'appels d'offres ou les ventes de terrains… On ouvre les portes et les fenêtres. Il n'y a aucune rétention d'information de ma part.

C'est pourquoi je ne m'attendais pas à une suite aussi brutale que la perquisition, la garde-à-vue et la détention. J'envisageais tout au plus d'être convoqué devant le juge d'instruction, qui m'aurait dit : « J'envisage votre mise en examen pour tel ou tel motif », voire je pensais à une convocation de la police au commissariat. Je m'attendais à cette suite logique. Mais cela n'a pas été le cas, d'où ma grande surprise. Le bruit a couru dans la ville que j'aurais été informé qu'une perquisition allait avoir lieu

Huit mois d'enfer ont tout de même une fin

chez moi. Si vraiment tel avait été le cas, je me serais levé plus tôt, j'aurais pris une douche et même, pourquoi pas, je serais parti. Ce qui a pu susciter des doutes chez certains esprits soupçonneux, c'est que mes enfants n'étaient pas à la maison ce matin-là. Mais si nous avions décidé de conduire nos enfants chez leurs grands-parents, c'est tout simplement parce que nous nous attendions à une semaine politique dure, du fait du retrait de délégation de M.-N. Lienemann, du fait de la perspective de réunions à n'en plus finir avec Kucheida et consorts. Après coup, je me suis dit que le hasard avait bien fait les choses : mes enfants n'ont pas eu à vivre tout cela, l'irruption des policiers au petit matin, la maison entièrement retournée et fouillée, mon départ pour le commissariat entre deux policiers... Pour des jeunes garçons, de telles scènes sont extrêmement traumatisantes.

Je ne suis pas profondément convaincu qu'un complot ait été organisé pour me nuire, mais il faut reconnaître qu'une affaire judiciaire, me déstabilisant et déstabilisant le PS du bassin minier devait intéresser le préfet du Pas-de-Calais, devait être regardée avec un œil favorable par la droite autant que par Martine Aubry, laquelle ne pouvait pas rater une occasion de régler des comptes avec le trio Kucheida-Percheron-Mellick, et également une occasion de venger M.-N. Lienemann. Les choses se sont accélérées, de même que les responsables de l'État, ministre de l'Intérieur, président et préfet n'ont pas tardé pour prendre un arrêté de suspension, puis une décision de révocation et décider l'organisation d'une élection, dans un délai étrangement court.

Au-delà de l'affichage administratif et politique, l'instruction se poursuit. De mon côté, je m'enfonce dans l'isolement, dans la dépression. Mais comme le temps qui passe me rapproche de la fin des quatre mois – ma lecture favorite était le Code de procédure pénale –, je me rassure : tu ne pourras pas rester ici plus de quatre mois ; au-delà, ce sont des affaires très particulières, le terrorisme, on est arrivé au bout des délais maximaux légaux de détention. Début août, Cattoir dépose à nouveau une demande de remise en liberté, qui est acceptée par le juge des libertés et de la détention. Mais le parquet s'oppose à la liberté accordée et fait appel, dans les minutes ou l'heure qui suit. Didier Cattoir vient me revoir : ça recommence... C'est l'été, après juillet, je passe le mois d'août, puis septembre commence. Je me dis : ça va quand même finir un jour. Septembre se passe, je suis encore en prison pour mon anniversaire, puis octobre, novembre... Chaque semaine, Cattoir est présent, me transmet les petits mots d'encouragement des ténors du PS 62. Tiens bon... Cattoir m'a plus assisté que défendu ; il a m'a plus accompagné qu'il n'a rempli son rôle d'avocat. Certes, je l'ai accepté, c'est un mode de défense que j'ai partagé. Si un avocat veut défendre son client, il communique des éléments, donne des informations, demande des contre-expertises – ce n'était pas la stratégie de Cattoir.

En prison, on saute sur toutes les occasions pour sortir de l'enfermement. Dès qu'on le peut, on saisit l'occasion de sortir de Longuenesse, de cet univers-là, pour aller à Douai ou Béthune, pour répondre à une convocation du juge. Je vais sortir, je vais voir ce qui se passe dehors, même menotté. Un nouveau rendez-vous avec mon avocat, c'est le moyen de prendre des nouvelles de ma famille, de mes enfants, de boire un café. À chaque fois que je dépose une demande de remise en liberté ou un recours, je demande sur le formulaire à comparaître personnellement (c'est une case à cocher), pour pouvoir quitter un peu l'univers carcéral ; à chaque fois, cela me sera refusé.

Ma détention provisoire est de moins en moins temporaire et de plus en plus longue. Les semaines passent, sans qu'aucun permis de visite ne soit accordé à un membre de ma famille. Car « on » pense que ma mère, ma compagne, mon frère ou ma sœur pourraient communiquer, faire passer des informations. C'est impensable ! Le commandant Meurant va voir ma mère, en septembre ou octobre

2009, c'est-à-dire bien longtemps après le début de mon incarcération. L'ironie de l'histoire, c'est qu'elle ne recevra son permis de visite que le 19 novembre, le jour où je sortirai, et mon frère et ma sœur le recevront le lendemain, le 20 novembre.

Tout au long de ces huit mois, mon avocat n'aura jamais apporté un seul élément constructif au juge d'instruction, pour les raisons qu'on connaît. Sa stratégie est celle du blocage, du *black-out*, de la confrontation avec la juge. Plus tard, quand je serai convoqué à Nanterre, dans le cadre de l'enquête préliminaire ouverte sur Kucheida et le PS du Pas-de-Calais, le commandant Meurant me dira : « Quand même, votre avocat n'a jamais demandé de contre-expertise ! » Et pour cause, il n'avait pas envie qu'on trouve : il n'avait donc pas intérêt à ce qu'on cherche ! Pour ne rien trouver, il ne faut pas chercher. L'enfumage a donc continué : le dossier a été strictement circonscrit à Hénin-Beaumont et à son maire. Cela arrangeait tout le monde.

Un jour de novembre, le 19, je suis convoqué devant la cour d'appel de Douai. Je n'ai même pas demandé à comparaître, j'ai abandonné, je ne coche même plus la case. Cette fois, sans avoir rien demandé, je suis convoqué. À ma grande surprise, l'avocat général, considérant la proposition de résider dans les Vosges, propose ma mise en liberté immédiate. C'est la fin des huit mois. Je crois rêver. Pourtant, j'entends bien. Le président me demande : « Vous pouvez rappeler l'adresse ? » Je redonne l'adresse. Je trouve bizarre qu'ils ne la connaissent pas. Je donne le numéro de téléphone. Cattoir et moi, dans le couloir, attendons la délibération, cela paraît très long. Je quitte la cour d'appel en me disant : on m'a fait miroiter une libération, ce n'est pas vrai. La presse aura été au courant avant moi. De retour à Longuenesse, les surveillants me disent : « On a annoncé à la radio votre remise en liberté sous contrôle judiciaire, vous allez aller dans les Vosges. » C'est donc vrai.

Je range ma cellule. J'attends. Quand vous sortez de la maison d'arrêt, que vous vous retrouvez enfin dehors, il n'y a pas de cabine téléphonique. Vous sortez, mais vous ne pouvez prévenir personne. Cependant, du fait de la médiatisation qui a été faite de ma situation, pour des raisons d'ordre public et de sécurité, on me permet de téléphoner. Mais je ne me souviens plus d'aucun numéro de téléphone portable... Désemparé, je compose le numéro de téléphone fixe de mon frère : il tient un commerce, il doit donc être chez lui. Je réussis à le joindre, il va venir me chercher. Avec le temps passé à se plier aux démarches administratives, c'est déjà la fin de l'après-midi. L'officier pénitentiaire responsable appelle la direction à Lille : est-ce qu'on peut faire entrer la voiture de son frère à l'intérieur de la prison, on ne peut pas le laisser sortir, pour l'ordre public, une meute de journalistes sera sûrement postée dehors... La direction accepte, je quitte le centre de détention de cette façon-là. Mon frère me donne son téléphone portable, j'appelle mon avocat, toute la presse est en fait à Bailleul, chez lui, *La Voix du Nord*, *Nord-Éclair*, RTL, Europe 1, France Bleu.

Mon premier déplacement d'homme libre sera pour Cattoir. À Bailleul, une foule de journalistes m'attend. Et là, j'ai une réaction instinctive, qui surprend les journalistes et mon avocat : je sors de la voiture, Cattoir est là, tout heureux, il a permis la libération de son client, il vient vers moi pour m'embrasser, comme un frère – au double sens du terme –, et moi je lui tends la main. Certains journalistes m'interrogeront plus tard sur mon attitude : pourquoi l'avez-vous tenu à distance de cette manière ? Cattoir est choqué. Il n'avait pas tout fait pour me défendre, il n'avait pas tout fait pour me libérer, alors que moi j'avais tout perdu, j'étais resté loin de mes enfants, de ma famille pendant huit mois. Et cela restera une trace indélébile. On peut donc comprendre que je n'avais pas une envie folle de l'embrasser.

Dans la voiture, j'ai essayé de parler à mes enfants, mais je n'ai pas réussi à les joindre. Je les aurai au bout du fil seulement après avoir discuté avec Cattoir, après avoir vu la presse. Enfin, après huit mois, je pourrai enfin discuter avec mes enfants.

Dans le bureau de l'avocat, je retrouve ma belle-sœur et ma nièce qui sont venus me chercher, mon frère qui est boucher-charcutier a ramené un saucisson, on boit un verre. Voilà ce qui se passe dans le bureau de Cattoir, tout simplement. On parle à peine de mon dossier. Je souffle. Je respire.

Une voiture de policiers stationne dans la rue ; ils surveillent peut-être que je n'enfreins pas mon contrôle judiciaire. Ils sont surtout là pour assurer l'ordre public, au cas où.

Cattoir m'informe de mon contrôle judiciaire : je vais habiter à Aumontzey, chez ma mère, je dois aller me présenter une fois par semaine à la gendarmerie de Corcieux, la circonscription de gendarmerie dont dépend Aumontzey. Je n'ai pas le droit de rencontrer les parties mises en examen, directement ou indirectement, je n'ai pas le droit d'entrer en contact avec elles, je ne dois pas non plus me rendre dans le Nord-Pas-de-Calais sans une autorisation préalable de la juge d'instruction.

Fini, le Pas-de-Calais. Pour le moment...

Chapitre X
« Le lapin sera là »

Le soir même de ma libération, le 19 novembre, je remonte dans la voiture de mon frère et je pars, la nuit même, pour les Vosges. Le lendemain matin, dès 8 heures, je pars à la gendarmerie de Corcieux pour me présenter à mon contrôle judiciaire. Je signerai pour la première fois le 20 novembre.

Le temps est gris, triste, beaucoup de commerces sont fermés à Gérardmer, qui est d'ordinaire une ville animée, mais novembre est la période où les commerçants prennent leurs congés, avant que ne commence la période touristique de l'hiver. Pourtant, je goûte avec plaisir chaque minute de ma liberté retrouvée. On n'imagine pas quel bonheur c'est de pouvoir enfin marcher, respirer, regarder le ciel, lire le journal, boire un café, goûter les plaisirs simples de la vie quotidienne. Je me retrouve avec ma mère, qui avait l'habitude de venir régulièrement dans les Vosges, où elle avait des amis. Elle reste à Aumontzey pour être avec moi.

Ce jour du 20 novembre, ma première tâche après être allé à la gendarmerie est de réactiver mon abonnement de téléphone portable et d'appeler mes enfants, que je verrai assez rapidement. Les enfants viendront dans les jours qui suivent. Nous passerons ensemble les fêtes de Noël 2009, le réveillon du 31 décembre, nous fêterons ensemble leurs anniversaires en février.

Je retrouve une vie à peu près normale. Des amis proposent de venir me voir dans les Vosges, mon frère, ma sœur, mes nièces... Je ne suis pas chasseur, mais je vais plusieurs fois à la chasse avec un voisin ami en montagne, pour marcher, respirer dans les Hautes Vosges. Une vie qui n'a rien d'exceptionnel ; ce qui exceptionnel, c'est de revoir ses proches, sa famille, ses amis, de marcher dans la rue, de voir le ciel au-dessus de soi, sans grillage.

Quant au dossier judiciaire, la décision est prise avec Cattoir de ne pas précipiter les choses ; quand je suis libéré, on est déjà à la fin du mois de novembre, ensuite viennent les fêtes. L'associé de Cattoir va venir me voir dans les Vosges.

On arrive au printemps 2010 ; les élections régionales ont lieu, Percheron est réélu. Pas de bruit, on est toujours dans la stratégie du *black-out*, Percheron s'en tient à la même version, soigneuse-

« *Le lapin sera là* »

ment bornée : « C'est l'affaire d'Hénin-Beaumont, de Dalongeville. Gérard, je ne l'ai pas vu depuis longtemps, nous nous voyions très rarement... » Et pourtant ! En réalité, il était présent sans arrêt aux inaugurations, aux vœux à Hénin-Beaumont... Kucheida dira même qu'il ne m'a pas revu depuis que j'ai été son collaborateur, en 1999-2000. Je ne suis pas surpris : en ne disant rien, je protège Percheron, qui se protège dans ses interviews. Il faut que les gens croient qu'il n'y a aucun lien entre eux et moi, entre le PS et moi, que j'ai été lâché.

Le contrôle judiciaire m'interdit d'aller dans le Nord-Pas-de-Calais, sauf pour aller voir mon avocat, cela fait partie des droits de la défense. Il aurait été normal que Cattoir informe la juge d'instruction quand j'allais le voir, mais, étrangement, il ne l'a jamais fait. En effet, s'il l'avait informée à chaque fois, la PJ aurait pu s'intéresser à ce qui se passe à son cabinet, voir Mellick y entrer... De plus, par la suite, dans le cadre des enquêtes sur les écoutes téléphoniques, il pourra dire à la juge : « Ah, le 10 juin, Dalongeville était bien chez moi. Oui, le 25, il était dans le Pas-de-Calais pour me voir, il a logé chez sa mère à Ervillers. » Cela permettra d'introduire une confusion bien utile dans les dates... La juge lui reprochera expressément de ne pas l'avoir tenu informée de ma présence dans le département.

À présent, une fois que j'ai été libéré, on entre dans une autre phase, la phase des remerciements. J'ai droit aux félicitations de Percheron. « Bravo, Gérard, tu as été extraordinaire, tu as tenu bon pendant un an. » On se voit plus régulièrement, quand je suis à Bailleul Jacques Mellick vient me dire bonjour – ceux qui travaillent au cabinet de Cattoir peuvent d'ailleurs en attester –, passe prendre le café, me transmet les amitiés de Kucheida et Percheron, Jean-Pierre Corbisez m'appelle, mes frais d'avocat sont pris en charge, le parti t'est reconnaissant.

Il faut bien que je retrouve un travail, j'assure quelques remplacements de postes dans l'enseignement. Jacques Mellick me dit : on en a parlé avec Cattoir, on va contacter le maire de Saint-Dié, Christian Pierret, ancien ministre. On va voir pour te trouver un poste, en mairie ou à la SEM (!). Ne t'inquiète pas, on donne la priorité à ton dossier.

L'urgence, c'est de préparer le procès, qui paraît imminent, la date de septembre 2010 est évoquée pour un jugement. Je me rends régulièrement chez Cattoir pour consulter mon dossier, particulièrement volumineux, j'y lis les déclarations des uns et des autres. Par exemple, quand Chopin déclare que les appels d'offres étaient réguliers, que l'entreprise retenue était toujours la mieux-disante, avocats et clients sont rassurés.

« *Le lapin sera là* »

C'est à la lecture de mon dossier que je découvre notamment que deux de mes empreintes ont été relevées sur les enveloppes trouvées dans le coffre de mon bureau, mais pas sur les billets : je prends conscience que, si mon avocat avait réellement voulu me défendre, s'il avait voulu aller plus loin, Cattoir aurait dû demander des contre-expertises.

L'été se passe. À la rentrée de septembre, les rendez-vous se réactivent de plus belle. Je vois Jacques Mellick et Jean-Pierre Corbisez. C'est l'ancien assistant parlementaire du député Facon, devenu son suppléant. Un petit homme, frêle, très maigre, bourré de tics. Déstructuré psychologiquement et physiquement, d'une personnalité très instable, il se croit en permanence persécuté.

Au-delà des rendez-vous chez Cattoir avec Mellick ou Corbisez, il y a aussi les coups de fil avec plusieurs mis en examen et leurs avocats, Jean-Marc Bouche notamment, avec qui je n'ai pourtant pas le droit d'entrer en contact. Un jour, alors que je suis en route pour Bailleul et que je passe comme d'habitude par la Picardie pour voir mes enfants, je suis à Saint-Quentin, Cattoir m'appelle : « Tu peux me rappeler d'une cabine ? » C'est sa grande obsession, que je sois dans les Vosges ou ailleurs, il veut toujours que je le rappelle d'une cabine téléphonique. Comme il est avocat, son téléphone ne peut pas être mis sur écoute, mais le mien peut-être. Il me dit : « J'ai eu l'avocat de Bouche, il faut que tu l'appelles et il faut que tu voies Guy Mollet rapidement, l'avocat va organiser une rencontre avec Bouche. » J'appelle maître Henri Dziwoki, que je ne connaissais pas, je ne réussis pas à le joindre et, comme Cattoir m'a dit que c'est urgent, je décide d'appeler Jean-Marc Bouche directement. Nous parlons peu, il me dit qu'il est au courant de ce projet de rendez-vous, il me rappellera pour me dire quand et où nous nous verrons. Ainsi, à l'origine de la rencontre avec Bouche, il y a bien Cattoir : les premiers rendez-vous ont lieu chez lui, c'est lui qui me demande de prendre contact avec l'avocat de Bouche.

De nombreux rendez-vous suivront. De la concertation, on passera aux appels et aux rencontres.

Une autre fois, je rencontre Bouche à Asservillers, juste avant Péronne, dans la Somme, sur une aire de l'autoroute A1. C'est la première fois que nous nous revoyons depuis mon incarcération. Je prends un café, et je vois arriver un homme qui vient vers moi, me salue : « Bonjour, M. le maire ». Mince ! Pour un rendez-vous qui devait être discret, pas de bol, je tombe sur quelqu'un qui me reconnaît. Cet homme, Argentino, m'avait été présenté à l'inauguration d'une foire commerciale, et je ne le connais pas plus. Il apparaîtra dans le dossier : il voulait

« *Le lapin sera là* »

acheter un terrain par le biais de Demarquilly et Guy Mollet, et a rencontré Chruszez et Chopin pour leur remettre de l'argent liquide. Cette rencontre fortuite me semble bizarre, que fait-il dans cette aire, juste au moment et à l'endroit où j'ai un rendez-vous, secret, avec Bouche ? Coup fourré ? Traquenard ? Argentino s'en va, et revient avec Bouche. En fait, les deux hommes se sont connus à la prison de Douai, où Argentino avait été incarcéré pour extorsion de fonds et séquestration. Il faisait la pluie et le beau temps dans la prison. Ils se sont connus là, se sont rapprochés et ont continué à se voir une fois sortis de prison.

Je serai amené à déjeuner à plusieurs reprises avec Jean-Marc Bouche, avec ou sans nos avocats.

Nous commençons à préparer soigneusement le procès, je me demande comment cela va se dérouler, ce qui peut m'arriver. C'est alors qu'on me parle du juge Pierre Pichoff, qui préside l'audience correctionnelle à Béthune depuis plusieurs années, depuis 1997. Je ne le connais pas et je ne le rencontrerai jamais. Cattoir et Mellick me disent : « Pour ton procès, on a tout prévu, tout est organisé. Le juge Pichoff a présidé certains de nos procès à Béthune, voilà comment les choses vont se passer. » Le magistrat de Béthune va toucher 60 000 euros, apportés par les amis socialistes reconnaissants. En revanche, des mis en examen comme Bouche vont devoir mettre la main au porte-monnaie, ce qui d'ailleurs amènera Bouche à se rapprocher de ses amis entrepreneurs, Gibello, Ramery, Demarquilly, Chrétien, Housieaux, des amis qui lui doivent sûrement des services. Ils apparaissent dans les écoutes téléphoniques. Nous avons élaboré des codes pour communiquer discrètement, au téléphone et dans les SMS : nous parlons d'« hélicoptère », de « lapins », de « pâté », de « concerts » ou de « parties de poker ». « BTP », c'est Patrice Chrétien, « hélicoptère », c'est Dominique Housieaux, parce qu'il possède un hélicoptère, « Michel », c'est Ramery... Par exemple, Dziwoki m'écrit : « Le lapin sera là. » Et moi : « On va le faire en pâté. » En fait, le lapin c'est Pierre Pichoff, dont la complaisance a été achetée. J'écris ainsi à Bouche : « Il y a de la famine dans le monde, l'Unicef a besoin de dons avant la Saint-Nicolas. » « Unicef », c'est Pichoff, et la « Saint-Nicolas » désigne le jour où ils doivent se rencontrer ; c'est aussi le jour où la juge nous a convoqués pour une confrontation dans son bureau.

Vous vous trouvez donc devant des gens qui sont convaincus d'être plus malins que le juge d'instruction et la PJ réunis, qui vous assurent que le juge qui va présider le tribunal correctionnel est dans votre poche, le procès qui s'approche paraît réglé

« *Le lapin sera là* »

d'avance, tout va bien. Mollet et Bouche ont rencontré Pichoff à Seclin. À plusieurs reprises, Bouche a apporté des copies d'audition à Cattoir. Tout cela me rassure, les choses paraissent bien se dérouler. « Ton silence, on te l'avait promis, arrive au terme. Ç'aura été une épreuve terrible, tu as tenu bon, c'est bientôt fini. » Mais c'est sous-estimer gravement l'intelligence de la juge d'instruction, le travail d'investigation des policiers, et surtout c'était ne pas savoir que... j'ai été mis sur écoute. Tout le monde va bientôt déchanter.

Le 6 décembre 2010, je suis convoqué par la juge d'instruction pour une confrontation avec Chopin et Mollet. La veille au soir, alors que je roule vers la Picardie, je reçois un texto de Bouche ou de son avocat : « On peut se voir ce soir ? » Nous nous donnons rendez-vous à la gare TGV de Péronne, en bordure de l'A1. Mais le rendez-vous est manqué, pour des raisons bêtes : j'ai mal compris le lieu, et je croise Mollet, son avocat, Bouche. On échange des SMS, il est trop tard, on rentre, on se verra demain.

Juste avant la confrontation, je prends un café avec Cattoir non loin du tribunal. Bouche lui-même, qui vient du cabinet de Dziwoki, apporte à mon avocat le procès-verbal de la dernière audition de la juge : Dziwoki a en effet, grâce à certaines petites mains du palais et grâce au réseau qu'ils ont organisé avec le juge Pichoff, le moyen de faire sortir des informations importantes du TGI de Béthune. Nous pouvons donc lire le procès-verbal avant d'aller voir la juge, je sais exactement ce que les autres accusés ont répondu : c'est très utile, ça m'évitera de donner une version différente... Je suis confiant. Dans mon esprit, la confrontation ne va rimer à rien, puisque les choses ont été réglées auparavant. Mais il y a toujours des grains de sable.

La confrontation commence, jour de la Saint-Nicolas. Madame le juge, Véronique Pair, une femme élancée et intelligente, interroge Mollet, Chopin, reparle des avions-taxis, je prends des notes. Elle m'interroge : « Vous prenez des notes, c'est pour faire votre rapport à *La Voix du Nord* ? » Je ne comprends pas l'allusion ; effectivement, je parlais avec la presse. Si elle le sait, c'est que mon portable est sur écoute ! La juge, glaciale : « Vous êtes régulièrement présent dans le Pas-de-Calais, à Hénin-Beaumont, vous allez m'expliquer pourquoi vous êtes présent autant de temps ici. » Cattoir explique que je viens voir mon avocat, consulter mon dossier, ce sont les droits de la défense. La juge lui reproche de ne pas l'avoir prévenue de ma présence dans le département. Cattoir parle d'Ervillers, la juge parle de rendez-vous à Lens, à Hénin-Beaumont, de rencontres avec l'avocat de Jean-Marc Bouche. Les écoutes téléphoniques lui

« *Le lapin sera là* »

ont permis de savoir qu'avec Bouche, Mollet et nos avocats, une concertation a eu lieu pour organiser notre procès et obtenir la complaisance du juge Pichoff. Elle me demande ce que je fais chez maître Dziwoki, parle de choses très précises, veut savoir qui sont « DC », « GM » dans mes textos. Elle demande la révocation du contrôle judiciaire. Je me dis qu'il s'agit d'un durcissement de mon contrôle judiciaire, que mon contrôle va être renforcé dans les Vosges. Je ne pense pas du tout que cela signifie : retour à la case prison. « L'audition est terminée pour aujourd'hui, vous restez avec maître Cattoir, vous allez voir le juge des libertés et de la détention. » Encore le JLD, comme en avril 2009 ! J'apprendrai à le connaître ; un homme poli, patient, humain, ferme, mais attentif, à l'écoute.

Nous sortons dans le couloir, j'interroge Cattoir : qu'est-ce que cela veut dire, une révocation du contrôle judiciaire ? Cattoir me rassure : « Ne t'inquiète pas, il y a eu des entorses au contrôle judiciaire, elle va juste le renforcer. » M. Seynave sort de son bureau, il ne peut pas nous recevoir avant plusieurs heures, pas avant l'après-midi. On part déjeuner. Pas de chance, au restaurant où nous allons déjeuner, près du tribunal, nous croisons Chopin avec sa compagne, mais aussi le JLD ! On mange vite et on va boire un café ailleurs, dans un endroit moins fréquenté. Là, Cattoir s'empresse de passer coups de fil sur coups de fil : il téléphone à Mellick, à Dziwoki, à tout le monde. Il les rassure, leur dit que je n'ai rien raconté, tout va bien, ça devrait aller. Il est toujours très rassurant. Mellick efface tout de son agenda, nous ne nous sommes jamais vus. Dziwoki me dit qu'il faut que je trouve un motif pour l'avoir rencontré, que j'invente une raison familiale. J'écris aussitôt une lettre : « Maître, je vous demande d'assurer la défense de mes intérêts dans le cas d'une affaire familiale. Je vous prie de m'assister, etc. » La lettre est antidatée, Dziwoki fait porter, de son côté, une lettre où il écrit qu'il accepte de m'assister et que nous nous verrons à son cabinet à Lens. Nous nous entendons pour nier toute rencontre avec les mis en examen, nous ne nous sommes vus avec Dziwoki que pour cette histoire familiale. Cattoir a tout réglé, comme d'habitude. Tout va bien.

Nous revoilà dans le bureau du juge des libertés et de la détention. Le vice-procureur, M. Roy, affirme que les textos et les appels montrent que nous nous sommes rencontrés, Bouche, Dziwoki et bien d'autres. Comme convenu, Cattoir avance le prétexte de la défense des intérêts familiaux, prétend que l'avocat titulaire de J.-M. Bouche, ce n'est pas Dziwoki, mais son associé Gérald Vairon. Pourtant, une photographie de Bouche et Dziwoki a été publiée dans *La Voix du Nord*... Pour bien montrer que tout ce

« *Le lapin sera là* »

petit monde est étroitement lié, lié au PS, il se trouve que maître Vairon vient d'installer son cabinet depuis quelques mois à Hénin-Beaumont, rue Élie-Gruyelle. Il est colocataire de la SCI qui gère le siège du PS à Hénin-Beaumont. Il est donc lié à Chruszez, qui est le secrétaire de section, et à Bouche, qui a été associé à la démarche de financement de la SCI avec Chruszez. Rien n'est innocent : le duo Chruszez-Bouche, ça nous amène directement au duo Mellick-Corbisez ! Le hasard, sûrement, encore une fois !

Cattoir sort de sa serviette les lettres que Dziwoki et moi venons à l'instant de rédiger ; l'encre doit être à peine sèche... Peine perdue ! Le JLD délibère, puis, à la demande du parquet, ordonne la révocation du contrôle judiciaire et le placement en détention provisoire. Je me retrouve dans la même situation que le 9 avril 2009. Cattoir est très mal à l'aise : son rôle est d'assurer la défense de son client, pas de l'entraîner dans des rendez-vous avec d'autres mis en examen… Je le revois encore pour quelques minutes. Je suis paniqué : on est loin de ce qu'on avait prévu, je ne me vois pas repartir pour quatre mois de préventive... Cattoir se veut rassurant : « Ne t'inquiète pas, je vais faire appel de la décision. »

Je me retrouve à nouveau menotté, emmené par la police pour la prison de Béthune. C'est la fin de l'après-midi, retour en prison. Tout recommence : le contrôle d'identité, la fouille intégrale, la visite médicale, l'installation en cellule, etc. Je suis placé dans une cellule d'attente, le directeur de la prison vient me voir, m'explique que mon arrivée n'était pas prévue – moi non plus, je ne l'avais pas prévue... – et qu'il va demander mon transfert à la prison de Longuenesse. Cela durera deux jours, deux longs jours dans une cellule d'une prison ancienne, vétuste. La maison d'arrêt de Béthune est tristement connue, dans la région, pour sa vétusté et son record en matière de surpopulation (jamais en dessous de 200 %), au point que l'État a d'ailleurs décidé de la fermer et de la remplacer par un autre établissement, tout neuf, à une douzaine de kilomètres, à Saint-Venant, à l'horizon de 2015 ou 2016. Effectivement, ce n'est pas une cellule, c'est un cachot. Je n'y suis pas tout à fait seul, puisque je vais passer la nuit avec une souris.

C'est impossible, me dis-je toute la nuit et les jours suivants ! J'ai fait confiance à tout le monde, et me revoilà en prison. Mais cela ne va pas durer, je tente de me rassurer, dehors ils vont trouver les moyens de me libérer. Je suis transféré à Longuenesse, je revois les mêmes lieux, les mêmes surveillants, qui me posent tous la même question : « Mais comment vous avez fait pour revenir ? »

« Ne t'inquiète pas, cela ne va pas durer... » Tout le monde me tient le même discours rassurant. Je retrouve Émile Renzi, devenu un ami, avec qui je corresponds toujours, qui est en détention provisoire, s'occupe un peu de l'intendance du quartier d'isolement, donne un coup de main au ménage et à la distribution des repas à la cantine, repeint les cellules quand elles sont vacantes. Je discute avec lui tous les jours, cela m'évite de me sentir totalement seul. Un homme remarquable. Je revois l'aumônier, le visiteur de prison.

Je me dis alors : non, je ne passerai pas les fêtes ici, ça suffit, je suis déjà éloigné de mes enfants, c'est suffisamment dur. Dehors, il y a déjà une vingtaine de personnes mises en examen, élus ou chefs d'entreprise. L'état de non-retour que j'avais atteint lors de ma première détention, la tentative de suicide, tout cela resurgit brutalement et me donne l'envie, cette fois, d'en découdre. On arrête la mauvaise plaisanterie. Nous sommes le 6 décembre. Je me donne une semaine, jour pour jour : si dans une semaine, le 13, je ne suis pas dehors, je raconte tout.

Chapitre XI
« Je vous parlerai des rouages et des personnes... »

Le 11 décembre, je suis toujours dans ma cellule. Comme je me l'étais promis, je prends mon stylo et j'écris à la juge : « je vais vous dire ce que je n'ai jamais dit jusqu'ici avec mon avocat ». J'évoque notamment les méthodes irrégulières de la SEM de Liévin, Adévia : « Adévia (Bruno Fouquart) a un comportement hors norme pour l'acquisition de terrains et l'aménagement de zones industrielles, commerciales ou de logements. Adévia « visite » les élus sur leurs projets, leur promet financements et soutiens (voire plus) puis la consultation – préparée par Adévia en amont (il suffirait d'entendre les services urbanisme et projets des mairies...) – est lancée et l'attribution revient à Adévia ! CQFD. Et si l'acquisition bloque, P. Chrétien intervient alors pour être intermédiaire pour Adévia, par des promesses d'achat de terrains qu'il cède ensuite à Adévia… rue Joseph Fontaine, rue des Chauffours, rue de Drocourt ou encore à la Peupleraie 2 à Beaumont, quant il n'aménage pas lui-même ou en SCI (SARL HPSC) comme Résidence de Rufisque ou Hauchart… » Cette lettre sera donc suivie de plusieurs autres, où, alors que, pendant plus d'un an, j'ai répété que je ne savais rien de l'argent du coffre, je vais lâcher, dans une lettre du 19 décembre : « L'argent du coffre, c'est celui du parti ! » Je promets à la juge des déclarations retentissantes : « Je souhaiterais vous expliquer le financement du parti. Je vous parlerai des rouages et des personnes permettant le financement par détournement de l'argent public et, à travers quelques témoins clés, obtenir « le haut » de la machine régionale. »

Ma lettre a été postée le 13, la juge a dû la recevoir le 14 ; j'imagine, dans ma cellule, la tempête que mes écrits vont déclencher, dehors…

Dès le jour suivant, le 15, un surveillant me dit : « Parloir ». C'est la PJ, le commandant Meurant me dit : « La juge a reçu votre lettre. Le parquet nous demande de vous rencontrer ». On discute sans arrêt pendant près de quatre heures. Je réponds à leurs questions, je leur remets les fameux schémas qui circulent dans la presse, je raconte les circuits de financement parallèle, Adévia, la Soginorpa, les marchés, EBTM, Fourdrinier,

« *Je vous parlerai des rouages et des personnes...* »

Dalkia, les emplois fictifs et encore les réseaux, l'organisation mise en place autour de Chopin comme grand argentier, le rôle du coffre... Je dévoile tout ce système complexe dont le chef d'orchestre est Jean-Pierre Kucheida.

Le commandant me dit que les faits que j'évoque concordent avec des éléments que la justice et la police soupçonnaient. Il m'affirme clairement que j'avais fait le choix de ne rien dire, ni en détention ni à la juge, sur le financement du PS, mais que si j'avais parlé, je n'aurais certainement pas eu à subir huit mois de détention provisoire... Il rentre à Béthune et en réfère immédiatement à la juge et au procureur. Depuis avril 2009, la juge d'instruction a mené son enquête, multiplié les auditions et les perquisitions ; elle a découvert et compris beaucoup de choses.

J'ai donc parlé, j'ai décidé de changer radicalement de ligne de défense, mais pour le moment je reste encore en prison. Je passe les fêtes de Noël en détention, loin de ma famille : une épreuve particulièrement difficile à supporter. L'évêque du Pas-de-Calais vient à la prison pour la messe de Noël, il rend visite aux détenus à l'isolement. Je n'ai pas droit au colis de Noël, puisque ma famille n'a pas pu venir, nous partageons avec Émile pour que ce soit moins triste. Il m'a vraiment soutenu dans cette épreuve.

J'obtiens de voir ma mère à deux reprises début janvier. Mon frère, ma sœur obtiennent leur permis de visite, mais du fait du délai nécessaire, je serai déjà sorti.

Le 6 janvier, – un mois déjà ! – je suis à nouveau convoqué devant la juge. J'évoque avec elle, à sa demande, uniquement les éléments liés à la révocation du contrôle judiciaire : les rencontres chez Dziwoki à Lens, les abréviations que nous utilisions dans nos échanges codés… Tout au long de cette audition, Cattoir est assis à côté de moi. Lui, c'était « DC » dans mes textos : ce sera la seule abréviation que je n'évoquerai pas devant la juge. Tout le monde est mal à l'aise. Il saisira l'occasion de trouver une porte de sortie, en se retirant de lui-même de l'affaire. C'est lui qui est à l'origine de la révocation du contrôle judiciaire, c'est à son initiative que les rendez-vous ont été montés avec les différents mis en examen, Bouche, Mollet et leurs avocats. Les rencontres avec Mellick, les réunions de concertation, qui avaient pour but d'organiser la tenue du procès, se sont tenues dans son propre cabinet, à Bailleul. Ce n'est pas rien ! Mais Cattoir semble avoir subitement oublié ces épisodes importants.

Cattoir et moi, nous ne nous verrons plus, je vais désormais faire appel pour me défendre à maître Philippe Mathot, avocat au barreau de Douai, un

« *Je vous parlerai des rouages et des personnes...* »

homme rigoureux, en dehors du système. J'apprendrai par la suite que Dziwoki a été révoqué du dossier et que l'avocat de Mollet a, lui aussi, jeté l'éponge, de peur sûrement d'être révoqué ou poursuivi ; j'étais allé pour le voir à Orchies, à son cabinet... C'est compromettant !

Je suis remis en liberté une semaine après cette convocation, le 13 janvier, avec un contrôle judiciaire renforcé, assorti d'un bracelet électronique. Me voilà de retour dans les Vosges. Mes sorties sont restreintes, limitées à certaines heures de la journée, et sous le contrôle du service pénitentiaire d'insertion et de probation (SPIP) de Saint-Dié-des-Vosges. On m'installe un dispositif qui n'est pas facile à supporter ; on perd une partie de soi-même.

Je reprends mes démarches de cours à domicile, je retrouve mes habitudes de lire le journal et boire un café. Surtout, je retrouve les miens, mes enfants, ma mère, avec qui je n'ai pas pu partager les fêtes.

C'est un nouveau départ. Quand vous avez couvert le PS par deux fois, quand vous avez couvert les intervenants, votre avocat, les « amis » politiques et francs-maçons qui tournent autour, vient un moment où on dit : ça suffit ! J'explique tout, en long, en large et en travers, à la juge et à la PJ sur le financement du PS et sur les rencontres irrégulières qui se sont tenues en violation du contrôle judiciaire, le mien et celui des autres mis en examen, et aussi sur la corruption du juge Pichoff.

Ma sortie de détention va être suivie, le 20 janvier 2011, par le placement en détention du juge Pichoff, après avoir été mis en examen pour corruption passive, tentative d'escroquerie et trafic d'influence. Il est soupçonné d'avoir touché de l'argent pour rendre des jugements de complaisance.

Être soupçonné d'avoir reçu de l'argent pour rendre des décisions complaisantes ou influencer les décisions de ses collègues, c'est gravissime pour un magistrat. C'est aussi une situation extrêmement rare, qui a déclenché un véritable choc à Béthune et dans tout le ressort de la cour d'appel de Douai. Après l'annonce de la détention de Pichoff, son passé resurgit, et on apprend notamment qu'il a déjà été sanctionné au cours de sa carrière pour manquement à la déontologie. En 1997, quand il était vice-président du tribunal de grande instance de Troyes, chargé du tribunal d'instance de Bar-sur-Aube et de Bar-sur-Seine, il avait commis des actes pour lesquels il lui avait été reproché d'avoir abusé de sa position. Cela lui avait valu de comparaître devant le Conseil supérieur de la magistrature, qui l'avait sanctionné, rétrogradé et déplacé au tribunal de grande instance de Béthune.

Le parquet se doutait vraisemblablement depuis un certain temps des pratiques présumées irréguliè-

« Je vous parlerai des rouages et des personnes... »

res de Pierre Pichoff, ainsi faisait-il appel notamment de décisions rendues par le magistrat qui semblaient favorables. Après une détention à la prison de la Santé à Paris, Pichoff est sorti de prison en mai 2011.

Dans le cadre de la même enquête, Jean-Marc Bouche et Guy Mollet sont également entendus par la juge d'instruction ; ils sont soupçonnés de corruption active : la justice lex soupçonne d'avoir soudoyé le juge Pichoff. Ils seront placés en détention provisoire.

Au mois de mai, je suis auditionné par la Division nationale des investigations financières (DNIF) à Nanterre, par la capitaine Richard, accompagnée du commandant Meurant. Il est à nouveau question du financement du PS du Pas-de-Calais, de Kucheida, d'Adévia, de la Soginorpa, du chèque de Ramery, du rôle d'EBTM... J'adresse également de nouvelles lettres à Mme Pair, qu'elle transmettra au parquet de Lille, chargé du dossier.

Mes déclarations ont permis d'ouvrir, à côté de la procédure instruite à Béthune, une autre enquête, dans une autre juridiction, à Lille. Des investigations des policiers de la PJ de Lille et de leurs collègues du pôle financier de Nanterre ont été lancées, afin de vérifier ces pratiques de financement illégal.

Le parquet de Lille a décidé d'ouvrir une enquête préliminaire suite à mes lettres. Et, en parallèle, deux autres enquêtes préliminaires ont été ouvertes suite aux rapports de la Chambre régionale des comptes sur la Soginorpa en octobre 2010 et sur Adévia en septembre 2010. Pour couronner le tout, une quatrième enquête préliminaire a été ouverte suite à la lettre d'Arnaud Montebourg. Ces enquêtes préliminaires doivent conduire à l'ouverture d'une information judiciaire. De nouvelles convocations vont suivre, de nouvelles gardes à vue et de nouvelles mises en détention, qu'il s'agisse d'hommes politiques ou de chefs d'entreprise. Déjà plusieurs d'entre eux ont été entendus par la police, dans la plus grande discrétion, notamment Patrice Chrétien.

De mon côté, je tâche de reprendre une vie normale, ou plutôt une vie qu'on essaie de rendre normale, car rien ne sera plus jamais pareil.

C'est pour moi le début d'une nouvelle carrière professionnelle. Pas facile. Rien n'est simple quand on a régulièrement sa photographie dans le journal sur des dossiers judiciaires et qu'on se promène avec sur le dos une étiquette de présumé coupable.

Mon contrôle judiciaire est assoupli très rapidement, en mars-avril, avec l'accord de la juge d'instruction et du parquet bien évidemment ; je n'ai toujours pas le droit de rencontrer les autres mis en

« *Je vous parlerai des rouages et des personnes...* »

examen et de me rendre dans le Nord-Pas-de-Calais.

Peu à peu, au fil des enquêtes des policiers et des magistrats, la vérité émerge sur mon rôle dans cette affaire et ma responsabilité exacte. Quelle est cette vérité ? 4 millions d'euros de factures à la mairie d'Hénin-Beaumont ont été analysés, et il reste bien peu de choses « douteuses ». La PJ a tout épluché, y compris chez moi. Quand j'étais maire, mon patrimoine se réduisait à une maison et une voiture. Cette maison, nous l'avions achetée avec ma compagne en souscrivant un prêt immobilier en 1997 au Crédit du Nord, remboursé tous les mois. Quand je suis devenu maire, mon train de vie ne s'est pas subitement amélioré : j'ai vécu dans la même maison, à Hénin-Beaumont, tout simplement, que nous avons aujourd'hui fini de payer. Chez moi, les policiers n'ont pas trouvé des liasses de billets, ni des lingots d'or, ni des coffres-forts ; ils ont trouvé 1 000 euros au plus. Notre seul « signe extérieur de richesse » se limitait à des voyages, payés non pas en espèces, mais en carte bleue.

Mon compte bancaire a été épluché, celui de ma compagne aussi. Dans une enquête où la police présume un enrichissement personnel et des détournements, tout paraît soupçonnable. Beaucoup de suppositions ont circulé, beaucoup de rumeurs, mais la réalité est parfaitement limpide.

Mon avocat est en train de mettre en parallèle les cessions qui avaient été réalisées par ma mère, et les mouvements en espèces sur mon compte bancaire et le sien : elle avait vendu des terrains, le restaurant, la boucherie, et avait retiré de son compte de l'argent en espèces pour me le donner. Peut-être aurions-nous dû acter tout ça, mais sur le moment on n'y pense pas.

Quant à ma compagne, elle possédait, avant que nous nous installions ensemble, un appartement et une maison, sur lesquels elle avait accepté des hypothèques pour aider son père à résoudre les problèmes de succession auquel il était momentanément confronté. Ensuite, son père lui avait remboursé en espèces, et elle avait effectué sur son compte les versements correspondants. C'est très simple : elle a aidé son père, qui l'a ensuite remboursée, et elle a déposé l'argent sur son compte. Cela ne va pas plus loin ! Évidemment, il aurait été plus simple de tout expliquer dès le départ, mais je n'ai pas voulu en rajouter, pour la laisser en dehors de tout cela, tout simplement.

D'ailleurs, à Hénin-Beaumont, les gens qui me connaissent depuis longtemps sont au courant de mon train de vie, savent bien qu'il était simple et n'avait rien d'exubérant. Pas de chalet à la monta-

« *Je vous parlerai des rouages et des personnes...* »

gne ni de voiture de luxe, pas de résidence secondaire à la mer ni de montre onéreuse.

Quant aux présomptions de surfacturations, aux entorses présumées au Code des marchés publics, tout cela s'effondrera manifestement : des constats d'huissiers ont été faits chez les chefs d'entreprise, les entrepreneurs interrogés ont reconnu que je ne les avais jamais contactés pour des appels d'offres truqués, que Chopin s'occupait de tout.

Je suis confiant dans le travail de la justice et j'attends avec sérénité le procès qui va s'ouvrir dans quelques mois.

En parallèle, la publication de plusieurs lettres dans la presse a conduit à ce que cette affaire soit révélée au grand public beaucoup plus rapidement que je ne l'imaginais. Ces révélations sont venues contrarier une démarche de reconstruction personnelle et professionnelle qui n'est jamais aisée. Me voilà poussé dans la lumière des projecteurs, braqués par les médias locaux et nationaux. Tour à tour *Le Point, Les Inrockuptibles, Le Journal du Dimanche, La Voix du Nord, Nord-Éclair*, se sont intéressés à « l'affaire Dalongeville ». Me voilà devenu, pour *Le Nouvel observateur*, « l'homme qui fait trembler le PS ». Même dans ma retraite vosgienne, dans le calme des Hautes Vosges, la presse locale parle du « Vosgien qui va faire tomber le PS du Pas-de-Calais » (*L'Est républicain*).

Aujourd'hui, ma nouvelle vie, privée et professionnelle, est à reconstruire. Elle est encore à l'état de balbutiement. Ma seule préoccupation, ma raison de vivre, c'est de passer le plus de temps possible auprès de mon fils. Être ensemble, partager des moments tous les deux, le voir jouer au football et passer un samedi après-midi au bord d'un terrain, être ensemble pendant les petites vacances.

Chapitre XII
ÉPILOGUE

Je ne peux terminer ce livre sans évoquer une autre affaire qui a braqué les projecteurs des médias sur notre département : celle qu'on appelle désormais « l'affaire du Carlton ». Quelle conversion y a-t-il entre le financement occulte de la fédération du PS et l'affaire du Carlton ? À ma connaissance, il n'y a aucun lien direct entre les deux affaires.

Je connaissais Fabrice Paszkowski, pour autant je n'ai jamais été pas au courant de ses mœurs « libertines ». Quand je le rencontre, c'est un homme admiratif de Jacques Mellick père, le ministre, le maire de Béthune, connu pour avoir un chauffeur qui roule vite. Paszkowski est un ami des fils Mellick, qui s'installent tous en affaires dans le domaine médical, Jacques et Miguel. Ils ont le même âge, les mêmes centres d'intérêt. « On » oriente le porte-monnaie de l'entrepreneur Paszkowski vers le financement du PRG, d'où les contacts qu'il noue avec

Chruszez, avec Bouche, avec Corbisez. Il veut plaire, se rendre utile. De la même manière qu'on a dit à Chruszez : « tu seras membre du PRG », on a dit à Paszkowski : « tu donneras un coup de main au PRG ». Je le rencontre vu chez les Mellick, dans les locaux de l'entreprise de matériel médical de Mellick, aux repas du PS à Béthune... Mais je ne m'attendais absolument pas aux affaires du Carlton ! En particulier, je ne connaissais pas les relations proches entre Paszkowski et DSK.

Les Mellick et Paszkowski mettent à profit leurs liens avec des élus socialistes pour placer leur matériel médical. Un exemple ? Chruszez avait demandé en 2007-2008 d'organiser le tour des hôpitaux dont le conseil d'administration est présidé par un maire socialiste : Hénin-Beaumont, Lens, etc. Les rendez-vous sont organisés par Chopin et Chruszez, décidément présents dans tous les bons coups. C'est en quelque sorte un renvoi d'ascenseur à Jacques Mellick, dont Chruszez est l'ancien collaborateur et que Chopin a rencontré aux Jeunesses socialistes. Le jour dit, nous avons rendez-vous à Béthune, dans les locaux de l'entreprise de matériel médical de Mellick ; Paszkowski est là. On prend un café avec les Mellick, père et fils, et Paszkowski. À Hénin-Beaumont, nous rencontrons le directeur ; Jacques Mellick (fils) explique comment fonctionnent ses appareils. En fait, le système

Épilogue

Mellick père et fils est organisé dans le domaine du matériel médical, tout comme le système Kucheida est organisé dans le domaine des études avec Adévia. Quand on ajoute les cliniques et les maisons de retraite, on atteint un potentiel considérable en termes de fourniture de matériel médical, un potentiel encore accru avec les hôpitaux publics, comme Hénin-Beaumont. À eux deux, Mellick et Paszkowski, obtiennent tous les marchés. Un système bien organisé.

Après, on a parlé à Lens de La Vylla, restaurant de la compagne de Paszkowski... Je me souviens que, quand DSK est venu à Lens, pour le congrès du PS en 2007, il a emmené tous ses proches, le club DSK, « À gauche en Europe 62 », manger à La Vylla, à l'invitation de Paszkowski. C'est une chose que j'ai vue, comme les journalistes qui étaient là. Tout est cohérent : Paszkowski c'est Mellick, Mellick c'est DSK, le Club DSK est présidé par Jacques Mellick fils. Il est donc logique de retrouver Paszkowski dans l'entourage de DSK : il a suivi Jacques Mellick qui avait suivi DSK.

Quand l'affaire du Carlton a été révélée, elle m'a assez peu intéressé, en revanche, ce qui m'a intéressé, c'est quand j'ai entendu le placement en garde-à-vue de Paszkowski, que je connaissais. Assez rapidement, Jacques Mellick a publié un communiqué où il se défend d'être mêlé à l'affaire

DSK. C'est un peu comme Kucheida se précipitant pour dire qu'il ne connaît pas Guy Mollet, dont personne ne lui parle.... Mellick soutient qu'il n'a pas vu Paszkowski depuis des années, qu'en plus il a monté une entreprise concurrente de celle de ses fils, etc. Je me dis aussitôt : « Il se moque du monde ! » Cette défense me paraît bizarre : pourquoi dit-il qu'il ne connaît pas Paszkowski ?

C'est une photographie publiée à la Une de *La Voix du Nord*, le 25 octobre 2011, avec une légende erronée, qui va mettre le feu aux poudres. On y voit, sur un cliché pris à Washington en janvier 2010, Jacques Mellick fils, DSK, encore patron du FMI, et Patrick Pique, alors que le journal précise en légende qu'il s'agit de Fabrice Paszkowski... Dès le lendemain, le journal publie un rectificatif, mais déjà les suppositions les plus folles courent, surtout à l'AHNAC. Que fait Patrick Pique à Washington ? Et pourquoi est-il à ce moment-là avec Mellick ? Quel rapport peut bien exister entre les cliniques et un réseau de proxénétisme ? Les syndicalistes se sont inquiétés, les comptes de l'AHNAC ont été épluchés, faisant apparaître un montant de 51 000 euros de frais réglés sur la carte professionnelle de Pique en 2010, alors que l'AHNAC connaît de graves difficultés financières (perte d'exploitation de 3 à 5 millions d'euros en 2010, dette cumulée de plus de 200 millions d'euros, plans de départs

Épilogue

volontaires…), et alors qu'elle achète pour des millions d'euros de matériel médical à des sociétés dirigées par des proches de Pique.

Finalement, Pique a quitté précipitamment l'AHNAC en mai 2011, avec en cadeau de départ une indemnité de 300 000 euros. Rappelons que Kucheida fait partie du conseil d'administration de l'AHNAC et est un ami d'enfance de Patrick Pique, dont l'épouse a un temps été salariée de la Soginorpa pour un emploi rattaché au président JPK.

Il existe un lien étroit entre Paszkowski et Mellick fils, vendeurs de matériel médical, et les hôpitaux du Pas-de-Calais pour lesquels des élus socialistes, par exemple quand ils sont membres de leur conseil d'administration, peuvent exercer une influence dans le choix des fournisseurs ; ces liens, débouchant sur de fructueux marchés, sont orchestrés par Chopin et Chruszez.

Une rumeur a circulé, selon laquelle l'affaire du Carlton aurait été découverte par la justice à l'occasion des enquêtes sur les prolongements de l'affaire d'Hénin-Beaumont et sur le financement occulte du PS. S'il existe un lien entre l'affaire DSK/Carlton et l'affaire du PS 62, il ne tient pas à des histoires de mœurs, mais à une question de financement. Un détail qui prend toute son importance : c'est Didier Cattoir qui est l'avocat de Mellick dans l'affaire du Carlton. Tiens donc !

Le financement trouble, c'est encore le cœur de
« l'affaire Gervais Martel », qui vient de se déclencher. Le point commun entre cette affaire et celle
du PS 62, c'est… Ramery. Gervais Martel a été mis
en examen le 24 janvier 2012 pour recel d'abus de
biens sociaux et corruption privée passive, tandis
que Philippe Beauchamps, président du directoire
de Ramery, et Jean-François Dutilleul, son homologue dans l'entreprise Rabot-Dutilleul, le sont
pour abus de biens sociaux et corruption privée. En
cause, il y a deux prêts, pour un total de 4 millions
d'euros, consentis par les deux entreprises de BTP
Ramery et Rabot-Dutilleul au président du RC
Lens en juin 2010, l'argent ayant été versé sur ses
comptes personnels. La moitié de cette somme
devait aider Martel à rester majoritaire au sein de la
holding GM Finances qui détient le RC Lens, et le
reste devait lui permettre de rembourser des dettes
personnelles.

Gervais Martel est bien connu dans toute la
région pour son sens des affaires, son goût pour la
réussite. C'est lui qui a redressé le RC Lens à partir
de 1987 et l'a sorti de ses difficultés sportives et
financières et, moi qui suis supporteur de Lens, je
sais combien c'est un homme auquel on doit beaucoup. Mais les grandes heures du club sang et or
n'ont pas duré et le club a subi une véritable dégringolade depuis 2007, avec plusieurs relégations à

Épilogue

partir de 2008, une chute qui amena Martel à chercher des solutions financières sur lesquelles la justice a décidé d'enquêter. Le procureur de la République suspecte un engagement de Martel envers Ramery et Rabot-Dutilleul pour des travaux à venir au stade Bollaert, mais aussi souligne que ce n'est pas l'objet social d'une entreprise de bâtiment de prêter de l'argent.

En tout cas, j'en tire un enseignement : que Ramery est souvent présent quand il s'agit d'apporter des fonds, que l'entreprise a le chéquier facile et est prête à trouver toutes les solutions pour obtenir un marché.

D'autre part, nouveau rebondissement de ce feuilleton qui en connaîtra encore d'autres, le jour même où l'on apprenait la garde-à-vue du trio Martel, Beauchamps et Dutilleul, le 24 janvier 2012, on apprenait aussi que la mairie d'Hénin-Beaumont avait été cambriolée, plus précisément les archives municipales. Bizarre, non ? Les archives municipales ont été l'objet de deux effractions, en octobre 2010, puis à nouveau en février 2011. Un matin d'octobre 2011, la responsable du service des archives constate que les portes ont été fracturées, que des cartons ont été ouverts, que son bureau a été fouillé et que des documents ont disparu. Un rapport est rédigé, transmis au directeur des archives départementales, la seconde tutelle du service des archives municipales. Mais rien ne se passe.... Et, en février 2011, nouveau cambriolage et nouvelles disparitions de documents. Curieusement, la ville d'Hénin-Beaumont mettra plusieurs mois avant de déposer plainte.

Quels papiers si précieux contient la mairie d'Hénin-Beaumont, au point de susciter la convoitise des cambrioleurs, qui plus est à deux reprises ? Y aurait-il un trafic de délibérations municipales dans le bassin minier ? Un délit d'initié sur les tarifs de la cantine ? En fait, les documents dérobés sont des dossiers stratégiques ayant trait aux projets d'aménagement de la ville, notamment à travers Adévia, aux opérations Sainte-Henriette et Delta 3. Delta 3, on en a déjà parlé ici à propos de la CCI de Lens. Il peut s'agir de procès-verbaux de réunions trop précis, de dossiers avec des annotations gênantes de ma main, où j'ai pu écrire par exemple : « Voir Boczkowski », « Téléphoner à JPK », etc.

J'ai décidé de déposer plainte contre X pour ce vol aux archives municipales près le tribunal de grande instance de Béthune. Fait non anodin, il n'y a eu aucun procès-verbal de récolement des archives municipales.

Il y a fort à parier que ces rebondissements ne sont pas les derniers. La police et la justice, les journalistes aussi, font leur travail et continuent leurs enquêtes pour faire éclater la vérité.

Chapitre XIII
Le socialisme municipal dévoyé

J'accuse.

J'accuse la fédération socialiste du Pas-de-Calais d'avoir organisé et utilisé à son profit le détournement de fonds publics, à Hénin-Beaumont et ailleurs.

J'accuse, puisque ce détournement n'était pas le seul fait d'élus d'Hénin-Beaumont, j'accuse d'autres élus socialistes du bassin minier et même du département d'avoir constitué un financement politique illégal et permettant l'enrichissement personnel de quelques-uns. C'est un véritable système qui a été mis en place dans le Pas-de-Calais, alimentant les finances du PS local, apportant de l'argent pour financer le fonctionnement quotidien de la fédération et les campagnes électorales. Un système organisé, avec au sommet Soginorpa/Épinorpa et Adévia, les deux « pompes à fric » du PS, et toute la palette des détournements et autres fraudes qu'on puisse imaginer : emplois fictifs, commissions sur les attributions de marchés, enveloppes de billets données de la main à la main par des dirigeants d'entreprises pour remporter des appels d'offres, doubles facturations et surfacturations avec rétro-commissions, chèques déposés par des entreprises sur des comptes au Luxembourg, mais encore corruption et achat de la complaisance d'un magistrat du tribunal correctionnel...

J'accuse des élus du PS du Pas-de-Calais d'avoir laissé perdurer un financement politique occulte, en violation des toutes les lois de financement des partis qui ont été adoptées depuis 1988 (lois de 1988, 1990, 1993 et 1995). Si le législateur a interdit en 1995 les dons des entreprises privées aux partis, cette pratique est restée une habitude dans le Pas-de-Calais.

J'accuse ces élus d'avoir donné de la politique une image de corruption et de dévoiement, au point que, dans le bassin minier, nombreux sont ceux qui pensent que les affaires du PS sont tenues en main par quelques-uns, des élus de la Nation et des patrons qui ressemblent davantage à des margoulins qu'à des hommes respectables, qui se comportent comme des hommes de peu – de peu de morale et de peu de foi –, que les scrupules n'étouffent pas et qui ont fait de la violation de la loi une pratique courante, une habitude. Des hommes qui

Le socialisme municipal dévoyé

auraient davantage leur place dans un tribunal, pour y répondre aux questions de la justice, que dans une assemblée d'élus, un conseil municipal ou au Parlement, ou qu'à la tête d'une entreprise.

Ce scandale illustre le crépuscule d'une génération d'élus socialistes arrivés au pouvoir dans le courant des années 1970, emmenée par Daniel Percheron (né en 1942), Jacques Mellick (né en 1941), Albert Facon et Jean-Pierre Kucheida (nés en 1943), qui a construit, autour des mines de charbon, son système féodal. Un groupe, d'aucuns diront un « clan » d'élus, au profil nouveau, qui tranche avec celui des élus communistes, davantage lié au monde des mineurs et aux syndicalistes : ce sont souvent des enseignants, des instituteurs formés à l'école normale, des enfants du pays, issus du terreau du bassin minier, attachés à ce territoire, ayant des liens familiaux avec la mine même si eux exercent des professions « intellectuelles » ; ils sont très souvent francs-maçons. Ils ont émergé au sein de la fédération socialiste dans la foulée du congrès d'Épinay, après la « période Guy Mollet » – emblématique patron de la SFIO, président du Conseil sous la IVe République, maire d'Arras de 1945 à sa mort en 1975 –, et ont participé aux progrès électoraux du PS sous le mandat de Giscard (élections législatives de 1973, cantonales de 1976, municipales de 1977 et législatives de 1978) et surtout après 1981. Sur ce sujet, on pourra d'ailleurs lire l'analyse de Frédéric Sawicki, professeur de sciences politiques (*Nord-Éclair*, 17 décembre 2011).

Le trio a étendu l'empire du PS sur tout le Pas-de-Calais, ravissant au parti communiste ses derniers bastions. Ironie d'un système qui, en mettant le PS à la place d'un PC qui avait assis son pouvoir après la guerre, a appliqué des méthodes qui n'ont rien à envier au centralisme démocratique et au contrôle de la population pratiqués dans ces démocraties populaires qui n'avaient de démocratique que le nom.

Kucheida, Percheron et Mellick ont, dans les années 1970, 1980 et encore 1990, une image de rénovateurs, de modernistes (contrastant avec l'image des élus communistes, souvent issus du monde syndicaliste, ouvrier ou minier) ; ils sont conscients qu'il faut préparer l'après-charbon et souhaitent une politique de réindustrialisation, lancent une vaste politique d'aménagement et de construction, qu'ils pensent à l'échelle intercommunale. Ils constituent dans le Pas-de-Calais un trio qui, au fil des ans, est devenu un axe politique. Ces stratèges socialistes ont mis le bassin minier en coupe réglée.

Je ne m'inquiète pas d'un éventuel procès en diffamation. Ce que je dis, je le sais et j'en ai les preuves, qu'il s'agisse des emplois fictifs, des dépenses

Le socialisme municipal dévoyé

irrégulières, des appels d'offres truqués, des détournements de fonds... De toute façon, quatre enquêtes préliminaires ont déjà été ouvertes sur la suspicion de financement occulte de la fédération socialiste du Pas-de-Calais. Les conclusions en seront terribles...

***

Comment en est-on arrivé là ?

De Liévin à Béthune, de Courrières à Hénin-Beaumont, la mine marque encore les esprits aussi fortement qu'elle a modelé les paysages. Sur la politique, plane ainsi l'ombre portée de la mentalité minière, avec tout ce que cela signifie : la solidarité, la conscience de classe et une certaine forme de communautarisme, ou de corporatisme, mais aussi la discipline.

Les élus socialistes de la région ont repris à leur compte les pratiques paternalistes qui étaient auparavant celles des Houillères du bassin minier du Nord-Pas-de-Calais, qui possédaient des logements, des écoles, des terrains de sports, un système de santé... Résultat de cette logique d'encadrement, les mineurs étaient « tenus », de la naissance jusqu'à la mort. Les élus prennent aujourd'hui en charge la population comme le faisaient auparavant les Houillères, sans qu'il ne leur vienne à l'idée d'assumer leurs responsabilités devant elle ni de lui rendre des comptes. Le maire gère sa ville et veille sur ses habitants, à la manière d'un bon père de famille, dans un esprit qui s'apparente, paradoxalement, à une pratique qui était celle du patronat au XIX siècle après la deuxième révolution industrielle : le paternalisme social de Schneider au Creusot ou de Wendel en Lorraine. C'est un véritable contrôle du corps électoral qui est mis en place, un encadrement qui constitue également une forme d'infantilisation.

Le paradoxe, sur le plan politique, est que le PS ait, dans le même temps qu'il disputait au PC circonscriptions et mairies, repris les méthodes communistes de contrôle de la population, de clientélisme et d'encadrement du corps électoral, méthodes – qu'on pourrait dire « staliniennes » – qui permettent de se concilier la docilité et le soutien des électeurs aux scrutins locaux et nationaux, dans un mélange complexe où l'on ne distingue plus guère ce qui relève de l'adhésion à certaines valeurs et à certaines convictions socialistes, de la loyauté au parti, et ce qui relève au contraire de l'intérêt bien compris lié à l'octroi d'avantages conséquents (logement, emploi, place en crèche, stage, « coups de main », divers avantages octroyés par le CCAS, fonction locale…). Encadrement, paternalisme,

Le socialisme municipal dévoyé

telles sont les formes que prend la politique dans le Pas-de-Calais. C'est ce qui explique qu'à Liévin, on vote comme un seul homme pour JPK, de même qu'à Béthune on vote pour Mellick quasiment les yeux fermés – l'expression ne manque pas de sel, dans le contexte que l'on connaît : la population a effectivement fermé les yeux sur beaucoup de choses.

Liévin, Béthune, Lens, Hénin-Beaumont aussi, sont des exemples de l'application, qui dure encore aujourd'hui, jusqu'au XXIe siècle, du « socialisme municipal ». Je pense que l'on tient là l'une des données majeures qui expliquent la longévité du « système Kucheida », du « système Darchicourt » ou du « système Mellick ».

Le socialisme municipal, apparu à la fin du XIXe siècle, est né de la rencontre d'une tradition communautaire communale et de la diffusion des idées socialistes. L'un de ses fondements idéologiques est d'ailleurs le socialisme utopique du XIXe siècle (Fourier, Saint-Simon), imaginant des villes « socialistes » organisées suivant un urbanisme de logements ouvriers en « cités » – comme le bassin minier en possède justement – et fonctionnant en lien avec un bassin d'emploi local. Or, dans les dernières décennies du XIXe siècle, le Nord-Pas-de-Calais a constitué un terreau propice à l'application du socialisme municipal, à Lille ou Roubaix (Henri

Carrette, plus tard Jean-Baptiste Lebas), appuyé sur le développement des services publics municipaux.

Si l'on regarde comment fonctionnent aujourd'hui les villes du bassin minier, on ne peut que retrouver des liens forts avec le socialisme municipal tel qu'il s'est constitué au XIXe siècle, en particulier le rôle important joué par la collectivité municipale dans la vie des habitants : construction et gestion de l'habitat social, de la santé publique, le social, la culture et le sport, les transports, la vie associative (associations « amies » bénéficiant des équipements municipaux et recevant des financements communaux, ce qui favorise un contrôle municipal plus ou moins étroit), le développement d'une économie mixte... Ce socialisme municipal s'exprime en particulier sur le plan de l'urbanisme : appropriation communale du foncier, construction de logements, d'équipements culturels (bibliothèques, médiathèques, salles de cinéma ou de spectacle, musées...) ou sportifs (gymnases, piscines, stades), mais aussi de zones commerciales ou tertiaires... On a même parlé de « cité providence », en référence à l'État-Providence.

Le PS, implanté dans le bassin minier à partir des années 1970, a été un acteur majeur de l'aménagement de ce territoire et de sa reconversion après la fermeture des mines de charbon. Il a ainsi pris le contrôle des principales structures de déci-

Le socialisme municipal dévoyé

sion et de gestion dans le bassin minier, qu'il s'agisse de structures municipales, administratives ou mixtes (public-privé) : le conseil général et le conseil régional, les mairies, les intercommunalités (communaupole de Lens-Liévin, communautés d'agglomération de l'Artois autour de Béthune ou d'Hénin-Carvin...), les bailleurs sociaux (Soginorpa, Habitat 62, etc.), les sociétés d'économie mixte.

À ce titre, le socialisme dans le Pas-de-Calais présente un visage bien différent de celui qu'il montre dans le reste de la France. En effet, de la SFIO au PS, l'une des caractéristiques du socialisme a été la faiblesse de son enracinement social : les études d'histoire et de sociologie politique qui ont été menées sur le sujet ont montré, au niveau national, l'absence de liens organiques avec le monde ouvrier, les faiblesses de l'ancrage sociétal. À l'inverse de ce qui s'est passé au niveau national, le socialisme à l'échelle du bassin minier s'est constitué en parti « milieu de vie » (*cf.* Rémi Lefebvre, « Le socialisme français et la "classe ouvrière". De la SFIO de 1905 au PS de 2006 », *Nouvelles Fondations*, 1/2006 (n° 1), pp. 64-75).

Un autre facteur qui explique ces « errements » et leur enracinement dans la durée, c'est ce que j'appellerais « l'abus de position dominante » : si le PS a pu asseoir son pouvoir à ce point, mettre en place un contrôle de la plupart des opérations d'aménagement et de construction dans le bassin minier, c'est aussi par manque de concurrence politique. Les pratiques illégales d'un quarteron d'élus socialistes se sont développées dans une région où un camp politique, la gauche en l'occurrence, occupe une telle position dominante que l'alternance est inenvisageable, voire paraît impossible, alors que c'est précisément cette alternance qui permet de corriger les dérives éventuelles et évite aux baronnies de s'installer et de durer, et qui évite à la vie politique de se scléroser. La droite et le centre réalisant de très mauvais scores électoraux, la gauche ne rencontre que peu d'opposition dans les assemblées, trois à quatre élus d'opposition au plus dans les conseils municipaux. Cette absence d'opposition débouche sur une absence de contrôle démocratique.

La démocratie locale a dès lors été remplacée par un échange d'aides et de prébendes contre un soutien électoral, tandis que les protagonistes du système, se tenant les uns les autres par des faveurs ou par des secrets dont la révélation ferait mauvais effet, restent dans un entre-soi particulièrement malsain. L'absence de renouvellement du personnel politique est particulièrement nuisible. La démocratie peut-elle fonctionner sainement quand le trio qui contrôle le PS dans le département, Kucheida,

Percheron et Mellick, est au pouvoir depuis le début des années 1980, soit plus de trente ans ?

Le pouvoir corrompt ; plus les années passent, plus leur pouvoir paraît solide, plus les élus ont la tentation de céder à certaines facilités de gestion. Le pouvoir peut monter à la tête, c'est connu, et dans notre fédération il est vraisemblable que certains ont été grisés. C'est quand on se croit intouchable qu'on ne se gêne pas pour payer ses dépenses personnelles avec la carte bleue d'une société gérant le patrimoine immobilier issu des Houillères. Les passe-droits et les privilèges ont allégrement pris le pas sur l'intérêt général et sur le sens moral.

Il est vraisemblable que la limitation des mandats dans le temps permettrait de corriger ces abus de pouvoir et ces dysfonctionnements.

La population peut légitimement être choquée quand elle constate que la crise de l'emploi épargne la plupart des proches des élus socialistes : cet « entre-soi » a aussi partie liée avec une certaine forme de favoritisme et de népotisme. En 2008 encore, il n'y a qu'à regarder la liste des employés du conseil régional, pour repérer certains noms connus : au hasard, Elvire Percheron, fille de Daniel, est chargée de mission ; Alice Percheron, autre fille de Daniel, est assistante documentaliste ; David Janquin, fils de Serge, est assistant documentaliste également ; Marie Kucheida, la fille de JPK, est chargée de mission, on l'a déjà mentionné ; Justine et Sophie Darras, filles de Jérôme Darras, directeur de cabinet de Daniel Percheron, lui-même fils d'Henri Darras, l'ancien député-maire de Liévin... Et encore, je ne cite ici que les proches d'élus du Pas-de-Calais : on pourrait en dire tout autant du Nord.

Un autre élément important de cette affaire est le rôle des sociétés d'aménagement. On a assisté, dans l'ensemble du pays, à la constitution et au développement de multiples sociétés, publiques, privées ou mixtes (telles que les sociétés d'économie mixte). Les SEM, instrument essentiel d'intervention des collectivités locales, se sont, ces dernières années, trouvées au cœur de plusieurs affaires de détournement de fonds ou d'abus de bien social. Divers rapports de la Cour des comptes ou des Chambres régionales des comptes ont mis en évidence que la gestion de certaines SEM pouvait être entachée d'irrégularités qui constituaient des infractions, sanctionnées par les juridictions judiciaires et financières. Il est vrai que les SEM possèdent un statut à part, puisque la loi les soumet au droit commun des sociétés anonymes tout en assurant aux collectivités locales actionnaires, par des dispositions dérogatoires, un contrôle effectif sur ces sociétés. C'est ce qui peut expliquer que certains élus, détournant le cadre juridique de la société d'économie mixte, se soient affranchis des règles de la gestion des fonds publics. Cette dérive a même conduit à la rédaction par le ministère de la Justice, le 12 février 2003, d'une circulaire intitulée « Présentation des principales infractions susceptibles d'être commises au sein des sociétés d'économie mixtes locales - Orientation de politiques pénales ».

Quand on regarde de près le fonctionnement d'Adévia, devenue la vache à lait du PS du Pas-de-Calais, et qu'on constate les errements qui l'entachent – gestion irrégulière de l'argent public, appels d'offres dont le moins qu'on puisse dire est qu'ils ne sont pas irréprochables, prix pratiqués qui se situent très loin de la norme, collusions avec les élus... –, une seule conclusion s'impose : il faut s'interroger sur la structure administrative qui a permis l'émergence de telles dérives.

Si l'outil même ne doit pas être rejeté sans procès, et si la forme juridique de la SEM n'est pas en cause, force est de constater que, dans le Pas-de-Calais et tout particulièrement dans le bassin minier, étant donné le fonctionnement irrégulier des SEM, d'Artois Développement à la SAEMIC et à Adévia, une remise en ordre s'impose, afin que ces sociétés retrouvent leur objet initial et propre (fournir un instrument aux collectivités locales qui réalisent des projets d'aménagement), en réaffirmant plusieurs principes fondamentaux qui ont parfois semblé être oubliés : les SEM ne constituent ni le moyen d'un complément de rémunération pour les élus, ni une réserve d'emplois pour des proches ou des fidèles, ni le moyen d'accorder des marchés à des entreprises « amies » qui sauront bien un jour renvoyer l'ascenseur, ni enfin un intermédiaire pour des reversements occultes et des financements politiques frauduleux.

Un grand ménage est à faire dans les structures publiques ou parapubliques, dont parfois des élus tirent profit pour obtenir des carrières rémunératrices.

Le ménage devrait également être fait dans notre système judiciaire, afin de remédier à certains dysfonctionnements majeurs : le juge Pichoff avait été sanctionné en 1997, pour avoir abusé de sa position quand il était vice-président du tribunal de grande instance de Troyes. Un comptable qui serait condamné pour détournement n'a plus le droit d'exercer sa profession ; pourquoi un juge condamné a-t-il encore le droit de présider un tribunal et de rendre des jugements ?

Enfin, on peut penser qu'une interdiction du cumul des mandats et une limitation des mandats dans le temps sont de nature à remettre un peu d'air pur dans notre vie politique.

***

Le socialisme municipal dévoyé

Reste que la vraie question à se poser est : pour quelle raison notre système politico-administratif a-t-il permis ce système de financement occulte et de détournement de fonds, sans que jamais personne n'ait voulu ou pu donner l'alerte ?

Pourquoi ceux qui savaient se sont-ils tus pendant toutes ces années ? Parce que ceux qui sont à la tête du système mettent tout en œuvre pour « tenir » les gens autour d'eux. Par le biais des nombreuses structures qu'ils contrôlent, les Kucheida, Percheron, Mellick & co. possèdent les moyens de récompenser la fidélité et d'acheter des complicités : les mairies et les communautés d'agglomération, les SEM, Adévia, la Soginorpa, etc. peuvent fournir des emplois et des logements, sans compter les récompenses « sonnantes et trébuchantes ». Ce système est particulièrement bien huilé. Tous ceux qui en tirent un profit, direct ou indirect, ont intérêt à le voir perdurer. Qui, dans le bassin minier, n'a pas parmi les membres de sa famille ou ses proches quelqu'un qui travaille, de près ou de loin, pour la ville ou dans une des structures amies ? Alors, pourquoi parler ? Le silence est garanti. Par exemple, François Lemaire, le président d'Adévia dans les années 2000, a vu sa rémunération mensuelle considérablement augmenter, pour atteindre plus de 4 000 euros, tandis que sa femme était salariée de la Communauté d'agglomération Lens-Liévin présidée par Kucheida. Qui irait parler ?

Je serais tenté d'y voir, en quelque sorte, une soumission propre aux systèmes féodaux, ou bien un système « à la corse » ou « à la sicilienne ». En effet, l'*omerta*, terme sicilien propre au milieu de la mafia, n'est rien d'autre qu'une loi du silence, une loi non écrite, tacite, qui explique en grande partie pourquoi l'organisation est restée si puissante, encore aujourd'hui : quand on voit ou qu'on apprend quelque chose, on ne le répète pas, on ne réagit même pas, on laisse passer le temps. *Mutatis mutandis*, se passe-t-il autre chose dans le Pas-de-Calais ?

S'y ajoute, dans notre département, une certaine culture politique : la loi du silence est entretenue par l'esprit, la mentalité propre au bassin minier, la culture d'encadrement de la société, héritée de l'époque des Houillères.

On peut se demander, dès lors, pourquoi les dossiers sortent maintenant. C'est que plusieurs des structures mises en cause ici connaissent de graves difficultés financières. La Soginorpa a enregistré un lourd déficit, qui a débouché sur un rapport de la CRC, on parle d'une transformation en société de HLM, les syndicats s'inquiètent et, par exemple, transmettent aux journalistes les listes d'emplois fictifs. Il en va de même pour l'AHNAC, qui a été pla-

Le socialisme municipal dévoyé

cée sous tutelle de l'ARS. Quand le système paraît se fendiller, les soutiens commencent à faiblir.

***

Il est très intéressant de confronter la manière dont la politique se vit, s'organise et se finance dans le Pas-de-Calais, et l'opinion des Français sur l'honnêteté de leurs élus. Ainsi, en septembre 2011, un sondage réalisé par l'institut TNS-Sofres révélait que près de trois Français sur quatre (72 %) estiment que les élus et les dirigeants politiques sont d'une manière générale « plutôt corrompus », tandis que seulement 19 % les considèrent comme « plutôt honnêtes ». Ce jugement critique est le plus fort qui ait jamais été mesuré depuis le début de cette étude, en 1977, et est en augmentation de 4 points par rapport à juillet 2010, qui marquait déjà un record. Bien plus, 25 % des personnes interrogées ne font pas confiance à une formation politique pour lutter contre la corruption. Détail piquant, le parti qui arrive en tête de la confiance des Français est le PS (26 %), devant Europe Écologie-Les Verts (20 %), le Front national (16 %), l'UMP (15 %), le Front de gauche (14 %) et le MoDem (11 %).

Pourtant, quand les médias évoquent le sujet de la corruption, il n'est guère question de la France, mais plutôt de l'Afrique ou de l'Amérique du Sud ; la corruption serait un mal réservé à des pays sous-développés, issus de la colonisation et où la démocratie est encore récente, tandis que nos pays européens, évolués et supérieurs, en seraient à l'abri... Quelle blague ! Il faut le savoir : la France est mal placée dans les classements internationaux de perception de la corruption de l'administration publique et de la classe politique. Ainsi, dans le rapport annuel de l'organisation Transparence internationale, présenté en 2010, la France n'obtient qu'une note de 6,8 sur 10 et est classée vingt-cinquième, reculant d'une place par rapport au classement précédent. Bien mieux classés que la France, on trouve le Danemark, le Canada, la Grande-Bretagne, les États-Unis ou la Belgique. C'est dire que les entreprises, les hommes d'affaires et les experts internationaux interrogés ont une image relativement dégradée de la classe politique française.

L'étude réalisée par l'organisation Transparence internationale précise aussi que, dix ans après la ratification par la France de la Convention OCDE, la justice française n'a mené à terme pratiquement aucune des procédures engagées pour corruption d'agent public étranger, ni prononcé de condamnation.

***

Je pense important de rappeler qu'il ne s'agit ici que d'une poignée d'hommes, élus, patrons ou responsables administratifs, et il ne faudrait en aucun cas que le lecteur de ces lignes soit conduit à une généralisation abusive, qu'il rejette globalement dans un amalgame injuste l'ensemble de la classe politique, l'ensemble des entreprises du BTP ou l'ensemble de l'administration publique du Pas-de-Calais. Ceux dont je parle ne sont que quelques brebis galeuses, des hommes égarés de la République.

La démocratie reste le système politique le plus défendable, le plus utile et le plus profitable à la population. C'est le moins mauvais de tous les régimes politiques ou, pour le dire comme Churchill, c'est « un mauvais système, à l'exception de tous les autres ». Mais c'est aussi, comme l'écrivait Montesquieu, un régime qui exige nécessairement la vertu politique : le principe de la démocratie, c'est la vertu érigée en garant moral.

Chapitre XIV
LE PS SAVAIT

Le 21 novembre 2011, Arnaud Montebourg, secrétaire national du PS à la rénovation, écrit à Martine Aubry, en tant que première secrétaire du parti, pour « confidentiellement attirer avec gravité et solennité » son attention sur le Pas-de-Calais. Il affirme : « Des informations de nature et d'origine judiciaire, précises, concordantes et recoupées, permettent sérieusement de penser que la Fédération socialiste du Pas-de-Calais et son principal protagoniste, Jean-Pierre Kucheida, député-maire de Liévin vont faire l'objet de mises en cause par la justice lilloise dans la période des élections présidentielles. » Et de citer « la gestion défaillante de la SOGINORPA », la gestion d'Adévia « qui a révélé de nombreuses infractions notamment pénales dans l'octroi des marchés publics et des émoluments versés aux élus chargés de son administration », la « gestion défaillante » de la Centrale foncière régionale (CFR)… Arnaud Montebourg alerte Martine Aubry contre une possible exploitation politique de cette affaire, dans un département qui est trop proche de Lille pour que la première secrétaire ne risque pas d'en être éclaboussée. « Au cœur de ces différents dossiers apparaît invariablement notre camarade parlementaire Jean-Pierre Kucheida, dont la mise en cause paraît inévitable. Ces événements permettront de façon regrettable et rageante à nos adversaires d'ouvrir un nouveau front contre la corruption d'élus socialistes, de même nature que celui ouvert contre la Fédération des Bouches-du-Rhône, dans une région qui est cette fois la tienne et dont nul ne croira que tu pouvais ignorer la gravité de tels faits. » S'y ajoute le danger, craint Montebourg, que les attaques de Marine Le Pen ne redoublent « contre le système de la corruption des élus du Pas-de-Calais », au point qu'en juin 2012 une victoire de la candidate du FN ne soit pas à exclure contre le député sortant Albert Facon à Hénin-Beaumont, qui d'ailleurs s'est vu privé de l'investiture du PS dans la 11e circonscription. Le député de Saône-et-Loire, qui a tiré la leçon de l'inaction du PS dans l'affaire Guérini, annonce qu'il agira différemment cette fois-ci, ne rédigera pas de rapport et ne s'exprimera pas dans la presse. Il met en garde Martine Aubry et lui reproche sa « gestion calamiteuse du dossier des Bouches-du-Rhône » : « Je me contenterai donc de te placer avec simplicité et liberté devant tes responsabilités, qui ressemblent cette fois – pardon de te le dire – à des responsabilités d'ordre et de nature historique. »

Montebourg demande donc « comme un service personnel à rendre au parti » de ne pas investir Kucheida et Facon aux élections législatives, afin de « créer un cordon sanitaire entre la campagne présidentielle et la montée attendue du scandale dans le Pas-de-Calais », et enfin propose d'utiliser le prétexte de la limite d'âge à 68 ans comme moyen pour écarter « en douceur » ces deux députés sortants « et sans nous mettre nous-mêmes en cause ».

Que se passe-t-il alors ? Rien. Mais qui cette absence de réaction peut-il bien étonner, désormais...

François Lamy, conseiller politique de la première secrétaire du PS, écrit le 29 novembre à Montebourg qu'il ne dispose, pas plus que Martine Aubry, « du moindre élément permettant d'étayer cette grave accusation ». Pourtant, une enquête préliminaire sur le financement du PS du Pas-de-Calais est alors déjà ouverte par le Parquet de Lille, en lien avec la DNIF de Nanterre. Le député de l'Essonne invite son collègue de Saône-et-Loire à saisir le procureur de la République, rappelant au passage à celui qui est par ailleurs avocat de profession que l'article 40 du Code de procédure pénale l'y oblige, et l'invite à lui transmettre ses informations : « cette méthode est celle que notre direction nationale a mise en œuvre lorsque nous avons pris connaissance de faits graves dans la fédération de l'Hérault. » Pas un mot sur la fédération des Bouches-du-Rhône ! Il faut dire que la direction du PS ne s'est pas fait remarquer par son zèle à remettre de l'ordre dans le fief de Jean-Noël Guérini, président du conseil général mis en examen pour association de malfaiteurs notamment... et fidèle soutien d'Aubry.

On passera sur le fait que Martine Aubry, à laquelle Montebourg avait adressé personnellement sa lettre, n'a même pas jugé bon de lui répondre elle-même – un soufflet qui prend le sens d'un camouflet. Il faut goûter tout le sel de la dernière phrase de Lamy, priant Montebourg « de croire en [s]a volonté de voir notre Parti se rénover dans le respect du droit et de la justice ».

Martine Aubry oppose donc à Arnaud Montebourg une fin de non-recevoir. On ne parle pas de la fédération du Pas-de-Calais.

C'est ensuite la diffusion de la lettre de Montebourg par Martine Aubry, contre la volonté qu'il lui avait exposé clairement, le 8 décembre, qui met le feu aux poudres et braque les projecteurs des médias sur le PS du Pas-de-Calais. Effectivement, jusque-là, le sujet avait intéressé assez peu de journalistes en dehors de la presse locale, *La Voix du Nord* et *Nord-Éclair*. Les premiers journaux à vouloir mener une enquête sérieuse sur les affaires du Pas-de-Calais ont été *Le Point* et *Les Inrockuptibles* : d'abord le site lepoint.fr le 2 décembre 2011, évoquant les lettres que j'avais adressées à la juge d'instruction, puis une enquête fouillée de sept pages dans *Les Inrockuptibles* le 7 décembre, ensuite un article du *Point* sur les soupçons pesant sur les dépenses personnelles réglées par JPK avec la carte bleue de la Soginorpa. Ou encore l'article circonstancié de M.-C. Tabet dans *Le Journal du Dimanche* au sujet de J.-P. Kucheida.

Assez vite, l'information circule que Montebourg a alerté dans une lettre la direction du PS sur un système de corruption dans la fédération du Pas-de-Calais et que cela n'a débouché sur rien, lettre que le site lemonde.fr publie le 8 décembre.

Quant à savoir par quel moyen la lettre de Montebourg a été rendue publique, il n'y a guère de doute sur ce point. C'est bien l'entourage d'Aubry qui a diffusé le texte, permettant par-là de détourner l'attention du vrai sujet. Un journaliste du *Nouvel Observateur*, Sylvain Courage, décrit, dans un article du 13 décembre 2011, une rencontre *off* entre Martine Aubry et des journalistes, qui a eu lieu le 7 décembre dans le bureau de la première secrétaire. Elle montre aux journalistes la lettre signée par Montebourg, tout en prévenant : « Vous n'en faites pas état ! » Contradiction flagrante ou pratique de l'antiphrase ? Ou encore tentative de manipuler des journalistes qui ne sont plus dupes de la distinction entre les propos officiels et le *off* ? En tout cas, ses souhaits inexprimés, mais aisément devinables, sont rapidement satisfaits, puisque la lettre de Montebourg est aussitôt publiée dans la presse. Lors de cette rencontre, Aubry critique la démarche de Montebourg et défend Kucheida : « Je trouve lamentable que Montebourg joue les chevaliers blancs. D'autant qu'on n'a rien contre Kucheida, qui doit bénéficier de la présomption d'innocence. »

Martine Aubry a donc pris le parti de taper du poing sur la table. Elle annonce, le 8 décembre 2011, qu'elle va proposer au bureau national du PS la création d'une commission d'enquête, étant donné les « faits graves concernant des personnalités du Pas-de-Calais ». Le PS, après décision du bureau national, a mis en œuvre la procédure qui a déjà été utilisée pour la fédération de l'Hérault et son premier secrétaire Robert Navarro, sénateur et député européen, ainsi que pour la fédération des Bouches-du-Rhône. Pour la fédération héraultaise, les conclusions de la commission d'enquête présidée par Alain Richard, sénateur du Val-d'Oise et ancien ministre de la Défense sous Lionel Jospin, ont débouché en mars 2011 sur une plainte pour abus de confiance. Quant aux Bouches-du-Rhône, le rapport Montebourg a été remis le 8 décembre 2010, mais Guérini a conservé son poste de président du conseil général.

La décision est également prise de geler la désignation du candidat socialiste dans la 12e circonscription, le fief de Kucheida. Les proches du député-maire de Liévin sont aussitôt montés au front pour le défendre. Ainsi le député-maire de Lens, Guy Delcourt, a-t-il déclaré que « la précipitation qui consiste à vouloir laver plus blanc que blanc avant les institutions judiciaires n'a jamais donné de bons résultats ». Il considère que Martine Aubry avait pourtant, au départ, « fort bien réagi », « en disant qu'elle attendait les évolutions judiciaires pour pouvoir se prononcer. C'était une position de sagesse ». « Il ne faut pas en ce moment que nous soyons fébriles. Il n'y a pas de raison particulière pour l'ensemble des élus et des militants de l'être ». Cela se passe de commentaires.

Qu'y a-t-il derrière cette stratégie de la direction nationale du PS ? Posons quelques questions qui dérangent.

Martine Aubry, en faisant elle-même fuiter la lettre depuis Solferino, n'a-t-elle pas intérêt à isoler son secrétaire national un peu trop actif ? Un secrétaire national qui, au deuxième tour de la primaire citoyenne, en octobre 2011, lui préféré « l'autre » candidat. Alors que tout le monde pense qu'Aubry a très mal géré l'affaire Guérini et n'a rien fait pour obtenir son retrait, elle peut également se racheter à peu de frais une image de première secrétaire vertueuse et désireuse de ramener l'ordre dans le parti, sans le côté Saint-Just qu'elle critique chez Montebourg.

Il est incontestable que pour le précédent rapport de Montebourg, concernant la fédération des Bouches-du-Rhône, rédigé en décembre 2010, le PS avait beaucoup tardé à réagir. La première secrétaire lui avait opposé une fin de non-recevoir, jugeant ses déclarations peu crédibles : « Il n'y a rien dans ce rapport. Pas un élément concret, précis, pas un fait », déclarait Martine Aubry (lepoint.fr, 2 mars 2011). « C'est un avis d'Arnaud Montebourg, des affirmations péremptoires, des faits pas étayés. Aucune preuve, aucun fait réel », renchérissait François Lamy (lemonde.fr, 3 mars 2011). Et, sans rire, Lamy assurait : « Jusqu'à preuve du contraire, Jean-Noël Guérini n'a pas été directement mis en cause par la justice ». Il avait fallu que la presse publiât les accusations de

Le PS savait

Montebourg (c'était *Le Point*) pour que le PS se sentît obligé de réagir... Mais, aujourd'hui encore, alors que Guérini a été mis en examen par la justice en septembre 2011, il peut conserver son poste en toute tranquillité ! Il est vrai que le patron des Bouches-du-Rhône constitue l'un des plus forts soutiens d'Aubry : c'est grâce à lui qu'elle a pu battre Royal en 2008 pour le poste de première secrétaire du parti, et la fédération des Bouches-du-Rhône a constitué un appui important dans sa campagne pour la désignation du candidat socialiste à l'élection présidentielle de 2012.

Osons une autre question iconoclaste. Si Martine Aubry entend remettre de l'ordre dans la fédération du Pas-de-Calais, n'est-ce pas en particulier pour y reprendre la main ? Révéler à l'opinion les dénonciations de Montebourg, c'est déclencher une série d'enquêtes et alimenter les soupçons autour de Kucheida et de ses proches amis politiques, donc les affaiblir. On lui reprochera d'autant moins d'ouvrir une commission d'enquête sur la fédération du Pas-de-Calais qu'on lui avait au contraire reproché d'être restée inactive dans le cas Guérini. Ce sera donc avec la bénédiction de tous ceux qui, toujours nombreux, veulent « laver plus blanc », qu'elle aura les coudées franches pour déstabiliser le trio Percheron-Kucheida-Mellick et *contrarier les projets de Percheron sur la région.*

Du reste, Aubry avait déjà commencé à placer ses pions dans le Pas-de-Calais, notamment en mettant Catherine Génisson à la tête de la fédération en 2008. Pour l'avoir côtoyée et avoir travaillé avec elle, je peux témoigner qu'elle dirige la fédération d'une manière hautaine qui n'est pas dans les habitudes de la maison. L'ancienne députée de la 2e circonscription du Pas-de-Calais (Arras, Vitry-en-Artois, Vimy), qui a quitté l'Assemblée nationale pour la Chambre haute – ce qui veut dire : élection au scrutin de liste et mandat de six ans –, paraît souvent éloignée des réalités quotidiennes du Pas-de-Calais et des militants.

Si Martine Aubry n'a jamais paru interférer dans les affaires de la fédération du Pas-de-Calais, elle ne s'en est jamais désintéressée. Lille est tout près... Alors qu'Aubry ne s'est jamais rendue à Hénin-Beaumont, pour ne pas paraître mouillée dans quoi que ce soit, pour ne pas donner à l'opinion l'idée qu'elle serait mêlée de près ou de loin à quelque affaire sulfureuse, au point d'ailleurs que bon nombre de militants socialistes le lui ont reproché, elle a toujours agi dans l'ombre. Aujourd'hui, l'objectif est de placer son bras droit, Pierre de Saintignon, à la tête de la région en septembre prochain, quand Percheron devra céder sa place pour cause de cumul des mandats. Mais celui-ci n'est pas disposé à se retirer. Sauf si... Et Aubry sait bien que tout ce qui peut affaiblir le président du conseil régional lui sera utile.

Allons plus loin. Je ne peux m'empêcher de penser que la stratégie d'Aubry se développe aussi au-delà du Pas-de-Calais et vise le candidat socialiste à la présidentielle. Il est évident que l'ouverture d'une commission d'enquête va susciter une nouvelle polémique au PS, qui ne peut que brouiller la campagne de François Hollande, mais aussi rappeler que lui-même fut son prédécesseur à Solferino pendant dix ans.

Toujours est-il que cet échange au fleuret moucheté entre Montebourg et l'équipe d'Aubry, puis la révélation de la lettre ont mis le feu aux poudres, et déclenché une bataille médiatico-politique qui va enfin mettre sur la place publique la vérité des mœurs politiques dans le bassin minier, et la faire connaître à l'opinion.

***

La révélation des turpitudes du Pas-de-Calais a donné le départ du bal des hypocrites, avec comme premiers danseurs sur la piste, l'ancien premier secrétaire du PS et l'actuelle.

Qui peut croire que ni Aubry ni Hollande n'aient jamais été informés des irrégularités, des dérives de la fédération du Pas-de-Calais ?

Hollande et Aubry ont été alertés à de nombreuses reprises sur les irrégularités existant dans la gestion financière de la fédération du Pas-de-Calais. Il ne manque pas de témoins pour affirmer que l'ancien premier secrétaire du PS dans les années 2000 et celle qui lui a succédé « sont au courant » depuis plusieurs années.

Les finances de la fédération du Pas-de-Calais seraient-elles un de ces secrets de Polichinelle, comme les partis en connaissent, que tout le monde connaît mais niera toujours en public, par devoir de solidarité et de camaraderie ?

Les propos de François Lamy aux *Inrockuptibles*, le 8 décembre, me laissent songeur : ils en disent long, en filigrane, sur ce que Martine Aubry, en réalité, savait. « [...] le Nord et le Pas-de-Calais, ce n'est pas la même chose. Dans le Nord, en tant que maire de Lille, elle a réussi à nettoyer ce qu'elle a pu constater. Mais le Pas-de-Calais, c'est une grande fédération avec ses traditions, bonnes ou mauvaises. Martine Aubry peut agir sur le fonctionnement interne du PS, pas sur le reste. » On comprend entre les lignes que les « traditions » – on appréciera la litote – de la fédération du Pas-de-Calais, même « mauvaises », sont bien connues des responsables du PS, mais qu'ils laissent le système continuer à fonctionner... De drôles de traditions, tout de même !

Ceux qui auraient encore des doutes pourront regarder, sur le site d'Arrêt sur images, animé par Daniel Schneidermann, une vidéo réalisée pour l'émission « ligne j@une » du 8 juillet 2009, intitulée « Comment le PS du Pas-de-Calais a franchi toutes les lignes j@unes ». Citons la présentation de l'émission : « Clientélisme, fraudes électorales : "Ah, c'est le Pas-de-Calais.", soupirent les dirigeants socialistes, lorsqu'on les interroge sur les dysfonctionnements à répétition de la Fédération locale. » On peut y voir Marie-Noëlle Lienemann écouter sans émettre aucune protestation, et même en rajouter, un journaliste et un militant du PS raconter les fraudes électorales auxquelles se livrent les fédérations... (http://www.arretsurimages.net/contenu.php?id=2134)

François Hollande s'est rendu à de nombreuses reprises dans la fédération. Par exemple, il est venu me soutenir lors des élections municipales de 2008 : le 20 février 2008, il était présent à Hénin-Beaumont pour appeler à « voter pour la liste de gauche, la liste de Gérard ». À cette occasion, il a inauguré le nouveau siège de la section locale du PS, dont on sait qu'il est le résultat d'une SCI montée par Jean-Pierre Chruszez, Jean-Marc Bouche et Olivier Vergnaud, le secrétaire de la section socialiste d'Hénin-Beaumont. En effet, les trois hommes ont monté une SCI, qui gère l'immeuble où se trouve le siège de la section PS – et où se trouve aussi, par ailleurs, le cabinet de maître Vairon, l'avocat de Bouche. Cette SCI n'a pas été constituée en parallèle de la fédération, elle se fait avec l'accord de celle-ci. Parmi les ressources de la SCI, figure le loyer payé par la fédération : celle-ci et Hollande ne peuvent ignorer le montage financier !

Ce même 20 février – et là, on se demande si ce n'est pas du Grand-Guignol plutôt que de la politique –, Hollande remet officiellement la médaille de 50 années de socialisme à Claude Chopin. C'est quand même grotesque ! Le premier secrétaire du PS soutient le candidat de la gauche, anciennement exclu du PS, inaugure le siège de la section locale, honore Claude Chopin pour bons et loyaux services rendus au parti... et ne connaît rien à la section socialiste d'Hénin-Beaumont ? Au passage, si Claude Chopin, l'organisateur des détournements de fonds à la mairie d'Hénin et de l'affaire des avions-taxis, le chef d'orchestre des appels d'offres truqués, le responsable de l'alimentation du coffre du bureau du maire, représente l'archétype du bon militant socialiste, c'est à désespérer du PS.

Le premier secrétaire ne peut pas dire qu'il ne savait rien, puisqu'il est resté onze ans à la tête de Solferino. Il connaissait la région, la fédération, son financement. Le premier secrétaire ignorerait-il tout des finances d'une fédération qui, par son nombre d'élus et d'adhérents et son poids politique, est l'une des toutes premières du parti ? Il avait besoin du soutien de JPK et du bassin minier pour sa réélection comme premier secrétaire, comme il en a eu besoin ensuite pour la primaire. Et pour cause : le premier à se déclarer en faveur de Hollande dans la région fut Percheron, puis Kucheida, Corbisez... Pendant la campagne de la primaire citoyenne, justement, Hollande avait été accueilli le 8 septembre 2011 par Kucheida à Liévin, et le candidat avait balayé d'un revers de main les soupçons qui pesaient sur le député du Pas-de-Calais. Ce ne sont que des rumeurs... Cela ne manque pas de sel de revoir aujourd'hui les images du déplacement d'Hollande dans le bassin minier, entouré des deux députés du bassin minier, Kucheida et Facon... (http://www.dailymotion.com/video/xmv6o8_visit e-de-francois-hollande-dans-le-pas-de-calais-septembre-2011_news).

Aujourd'hui, JPK, tout en protestant de son innocence, rappelle sa vieille amitié avec François Hollande, et répète à qui veut l'entendre que l'ancien premier secrétaire l'a « toujours soutenu ». Il affirme même avoir reçu de lui, au moment des premières révélations, le vendredi 9 décembre, un coup de téléphone pour le soutenir. « Tiens bon, on va laisser le vent retomber. Ça va passer », selon *Le Journal du dimanche* (11 décembre 2011). Évidemment, l'entourage du candidat s'empresse d'affirmer que cet appel n'était pas si chaleureux… Mais qui d'autre que la personne appelée elle-même, Kucheida, peut connaître le contenu de leur conversation ? Le député de Liévin rappellerait-il à Hollande qu'il l'a soutenu pendant de longues années et qu'il doit continuer sur cette voie ?

Il est évident que la fédération du Pas-de-Calais pèse lourd à Solferino, et qu'il est très difficile pour un leader du PS de bousculer une « grosse » fédération comme peut l'être le Pas-de-Calais, un bastion historique du PS, qui engrange un nombre considérable de cartes et constitue un bailleur de fonds important du parti, par le montant considérable des cotisations de ses nombreux élus (maires, conseillers généraux et régionaux, députés, sénateurs…). Jeter le doute sur la fédération du Pas-de-Calais, ç'aurait été finalement se tirer une balle dans le pied… Mais la vérité n'en vaut-elle pas la peine ?

On a pu, en décembre dernier, mesurer la volonté de la direction nationale du PS de remettre de l'ordre dans la fédération en regardant les décisions prises concernant les investitures dans les trois circonscriptions concernées : celle d'Albert Facon (11e, Carvin, Courrières, Rouvroy, Montigny-en-Gohelle, Hénin-Beaumont), celle de Jean-Pierre

Kucheida (12ᵉ, Bully-les-Mines, Cambrin, Douvrin, Liévin, Wingles), ainsi que celle de Jack Lang (6ᵉ, Boulogne-sur-Mer).

Sur la 11ᵉ, Albert Facon, qui avait soutenu Hollande contre Aubry pour la désignation du candidat socialiste en 2012, n'est pas investi. Ce n'est pas non plus son suppléant, Jean-Pierre Corbisez, qui est choisi, alors qu'il est le président de la communauté d'agglomération, et pour cause : il a, lui aussi, soutenu Hollande, et paye sa proximité avec Kucheida, avec Paszkowski mis en examen dans l'affaire du Carlton. Dans le bassin minier, Philippe Kemel est le seul à avoir choisi Aubry aux primaires ; c'est lui qui est investi. Pour Aubry, on est déjà dans le coup d'après : il faut faire en sorte de voir élus en juin le plus possible de députés qui soient de sa mouvance. Rivalités d'appareil... En tout cas, c'est une 11ᵉ circonscription divisée politiquement qui va affronter Marine Le Pen.

Tous les observateurs de la vie politique socialiste ont bien compris que les décisions prises par Martine Aubry de « geler » la désignation de Kucheida dans sa circonscription, puis de ne pas investir le sortant Albert Facon, et de créer une commission d'enquête interne au parti, sonnent comme une déclaration de guerre à l'encontre du patron des socialistes du Pas-de-Calais, Daniel Percheron. Le ton des propos échangés entre le président du conseil régional et la maire de Lille montre que la guerre (froide) est déclarée, un de ces affrontements qui, au siècle dernier, se réglaient dans un champ au petit matin et s'arrêtaient au premier sang. Percheron s'est ainsi insurgé contre la première secrétaire qui avait « osé comparer la fédération du Pas-de-Calais à celle des Bouches-du-Rhône ». Il est amusant de noter que la fédération de Jean-Noël Guérini est ainsi devenue l'aune à laquelle on juge de l'honnêteté des dirigeants locaux ou de la proportion de margoulins qu'on compte parmi eux.

***

Tout cela laissera des traces. Les soupçons de corruption et de financement occulte qui entourent Kucheida ont instillé le doute dans l'esprit des habitants du bassin minier, qui sont aussi des électeurs, qui ont découvert, médusés, le train de vie de quelques-uns de leurs élus. Pas facile, quand on habite une des villes les plus pauvres de France, quand on est au SMIC, au RMI ou au chômage, quand les fins de mois sont difficiles, d'apprendre que le bailleur social paye les gueuletons du maire, qui dépense 1 600 euros pour un seul repas... Pour une population qui sait ce que c'est que de ne pas manger à sa faim, quelle impudeur de consom-

Le PS savait

mer en un repas trois fois le montant de la pension d'une veuve de mineur ! Pour des gens qui, dans leur logement, ne chauffent que la chambre de leurs enfants et n'ont plus les moyens de payer le bus, quelle indécence de s'offrir, aux frais de la collectivité, un repas à plus de 1 600 euros !

Oui, il y a de l'impudeur à avoir ainsi trahi les espoirs mis en vous par toute une population. Le jugement peut paraître dur, mais je ne suis pas le seul à le penser. Pour preuve, le journaliste Jacques Trentesaux écrivait dans *L'Express*, le 23 décembre 2011, sous le titre « Pas-de-Calais : le PS fait triste mine » : « Derrière [JPK], tout un système politique à bout de souffle menace de s'effondrer. [...] En ville, tout le monde ne parle que de l'affaire... Chaque jour apporte son lot de détails sur les étranges libertés de "Kuche" [...]. "Les dégâts politiques sont incalculables", confirme un cadre de la fédération départementale du PS [...]. Le sentiment de trahison est d'autant plus fort que l'homme porte tout entier les espoirs de ce territoire déshérité. Lui, le "Jaurès du bassin minier", fils et petit-fils de mineur, qui n'a de cesse, dans ses discours vibrants, de demander réparation pour ces générations d'hommes qui ont tant souffert... » La conclusion tombe, lapidaire : « ce scandale signe la fin d'un système ».

Oui, il y a de l'hypocrisie à avoir agi comme l'a fait le PS, jouant au donneur de leçons et au professeur de morale tout en n'étant pas irréprochable, se drapant dans ses valeurs et assistant sans réagir aux turpitudes de ses chefs locaux, au nord de la France comme au sud, sur les bords de l'Eurin (la rivière qui coulait à Hénin-Beaumont, ainsi que l'ont montré les travaux d'Henri Claverie, l'historien de la ville) comme sur les rives de l'Hérault ou du Rhône.

Comme m'en ont tristement fait la remarque plusieurs militants, les conséquences politiques seront considérables.

Pour autant, ces révélations ne doivent pas amener les électeurs à se tourner vers les partis extrémistes.

Mon combat reste le combat contre le FN, qui aujourd'hui tente sans vergogne de surfer sur la vague anti corruption et réclame une « opération mains propres ». Oui, il faut dénoncer un système de corruption, d'argent sale, de pots-de-vin, organisé sur le dos d'une population qui souffre, mais se réfugier dans les bras du FN constituerait un remède pire que le mal.

L'avenir d'Hénin-Beaumont n'est pas dans un populisme sans lendemain, dans l'opportunisme sans vergogne de politiciens qui essaient de récupérer une tendance mais n'ont aucune proposition sérieuse.

Le PS savait

Le FN n'a pas un bon bilan en matière de gestion publique, loin de là. Il a en effet été mêlé à de multiples affaires judiciaires : Philippe Bernard, l'ancien leader du Front national à Lille et poids lourd du parti dans la région, a été mis en examen pour escroquerie dans des comptes de campagne ; Jean-Marc Maurice, conseiller régional à Arras, a été condamné pour la gestion de son entreprise, avant d'être viré du FN. Concernant le FN du Pas-de-Calais, il ne manque pas d'exemples de corruption, de mauvaise gestion, de comptes de campagne truqués, de financements troubles.

L'implantation du FN à Hénin-Beaumont est pour moi une gigantesque mascarade : il n'y a qu'à voir Marine Le Pen arriver dans la région, venue tout droit de son château de Saint-Cloud, en grosse voiture et entourée de ses gardes du corps. Je n'oublie pas non plus que Steeve Briois avait parlé des « bœufs » en parlant des habitants de la Cité Darcy, un quartier d'Hénin-Beaumont.

Le FN ne s'intéresse pas à la vie des habitants d'Hénin-Beaumont ; il veut seulement profiter d'une situation, en pratiquant un populisme grossier. Il n'apporte que des réponses simplistes aux difficultés, bien réelles, des Héninois et des Français : revenir au franc, fermer les frontières...

Au reste, l'incapacité du PS à faire le ménage dans ses rangs a favorisé le développement du FN.

Je suis convaincu que la seule voie d'avenir pour Hénin-Beaumont et pour le pays, reste la gauche, une gauche reconstruite, rénovée, épurée.

***

On a qualifié mes révélations d'opération vengeresse contre le PS du Pas-de-Calais, de vengeance d'un homme amer d'avoir plongé tout seul. Amer, oui, je le suis. Mais je n'ai aucune intention de vengeance. À ceux qui me reprochent de faire le jeu des adversaires politiques du PS, de rouler pour la droite, je réponds que je ne fais que révéler la vérité.

Je ne fais pas le jeu de la droite : j'ai tenu huit mois, j'ai suffisamment protégé le PS pour qu'on ne puisse rien me reprocher aujourd'hui. Au lieu d'écrire à la juge d'instruction, j'aurais pu les donner à la presse, et ces révélations auraient alors éclaboussé le PS avec une force tellurique.

Je ne roule pour personne. Le seul jeu que je joue, c'est celui de la vérité.

Il est temps de nettoyer les écuries d'Augias.

Il est grand temps aujourd'hui de faire la lumière sur des pratiques malhonnêtes et irrégulières. Je continue à croire aux valeurs et aux idéaux défendus par la gauche dans notre pays, et je ne veux pas que le PS continue à être mêlé à des affaires louches, qui jettent le trouble sur ses hommes, son programme et ses valeurs.

Au-delà de ces affaires troubles qui entachent l'image et la crédibilité du PS, je veux rester positif et donner un message d'espoir.

Ce que je révèle sur la franc-maçonnerie peut choquer, mais je veux redire qu'une très large majorité de maçons s'engagent et s'investissent pour faire avancer de grandes idées.

De même, je suis convaincu qu'on peut encore placer des espoirs dans la gauche, au-delà des combats d'ego, des querelles de personnes et des histoires de financement occulte qu'il traîne depuis des années – repensons à l'affaire Urba, entre autres –, au-delà de tout cela donc, on peut encore espérer. La voie d'Arnaud Montebourg, son entreprise de rénovation du PS, la création de son mouvement « La rose et le réséda » me paraît aller sur la bonne voie. Il me paraît être le seul à avoir la capacité à faire bouger les choses. Il était l'invité de mes vœux à Hénin-Beaumont en 2008 ; lors de la primaire citoyenne, il y a réalisé un de ses meilleurs scores.

Militant dans l'âme, je reste un homme de gauche. Pour le premier tour de l'élection présidentielle, je voterai à gauche. À gauche, mais pas pour le candidat socialiste.

Quand je vois que plus un seul socialiste ne siège aujourd'hui au conseil municipal d'Hénin-

Beaumont, depuis la dernière élection en juillet 2009, cela me désole.

Ainsi, je reste fidèle aux valeurs de la gauche, aux valeurs socialistes, qui ne sont pas l'apanage du PS. Les affaires qui mettent en cause le parti socialiste fragilisent la démocratie et sapent la confiance que les électeurs accordent aux hommes politiques qui les représentent. Parfum de fin de règne ? En tout cas, une chose est sûre : ce système est à bout de souffle, notre vie politique a besoin d'air, a besoin d'une démarche de reconstruction et de rénovation. C'est ainsi que nous retrouverons la vraie gauche, et sa force d'espérance. Jean Jaurès disait d'ailleurs : « C'est en allant vers la mer que le fleuve reste fidèle à sa source. »

Pour vous tenir informé des prochaines publications
des Éditions Jacob-Duvernet,
contactez Louis de Mareuil :
louis.demareuil@editionsjd.com
01 42 22 63 65

ou rendez-vous sur le site
www.editionsjd.com

Cet ouvrage a été imprimé en France
par CPI Bussière
à Saint-Amand-Montrond (Cher)
en mars 2012

ISBN : 978-2-84724-402-1
N° d'impression : 120889/1.
Dépôt légal : février 2012.